じつは危ない野菜

南　清貴

ワニブックス
PLUS新書

はじめに

私たちの体が必要としている栄養素は多岐にわたります。だから、これさえ食べていれば、あとは何もいらないという食品はありません。それが人間のような雑食動物の宿命なんですね。つまり私たちは、さまざまな食べものを食べ合わせてはじめて、必要とする栄養素を網羅的に摂取できることとなり、理想的な食生活を送ることができるのです。

私たちの体に不可欠な、欠落してしまうと生命を維持することができないビタミン、ミネラル、アミノ酸といった栄養素のことを「必須栄養素」と呼び、約50種類近くあると考えられています。また、欠落してもすぐに生命を維持できなくなるわけではないけれど、長期間にわたって不足するとさまざまな形で健康状態に悪影響を与えることが考えられる栄養素のことを「植物栄養素」と呼び、こちらは約５０００種類以上あるといわれています。食事というのは、いわばこの二つの性質の異なる栄養素を過不足なく、満遍なく体の外側から内側に摂り込むことなのです。そして、それらの栄養素を合理的に摂取する方法の一つとして、私が長年にわたって提唱し続けているのは、**食事全体の９割を植物性の食品で構成すべきである**、ということです。

基本的に食事は、楽しむべきものです。しかし、それは飢餓から解放されてはじめていえることで、現代日本は、また同時に先進諸国はそれを実現できています。であるにもかかわらず、現代日本の食事の内容は決して豊かとはいえないものです。カロリー中心の誤った栄養学が世に広まったことがその一つの原因です。前述のように私たちの体がほんとうに必要としている栄養素のことを理解し、それを日常的な食生活の中で実践していく真の栄養学を教える場がなかったことが、問題を複雑にしています。カロリーのことのみを気にして、体に負担のかかる食生活を送る人々がいかに多いことか。

加えて、経済発展というものが、食の世界を思いもしなかった方向に引っ張っていきました。それは、表面上は豊かでも、中身はまったく空っぽの、薄っぺらな貧しい食事内容でした。そのことが最も端的に現れているのが「野菜」だと思います。大量に栽培されるようになった野菜は、以前より生育に手がかからなくなったことは事実ですが、その**栄養価は無残なまでに低下**しています。自然の一部と思っていた野菜は、半ば工業製品のような作られ方をしています。この危機的な状況を知ったら、多くの方々の頭の中には、ほんとうにこれでいいのだろうかという疑問が渦巻くことだろうと思います。

私たちが、日々の食生活で植物性の食品を9割摂取しようと思うと、当然のことながら野菜を多くいただくことになります。本来であれば重要な栄養素をたっぷり含み、私たちの健康に大いに寄与してくれるはずの野菜が今、危機を迎えていることは、とても憂慮すべきことなのです。

この本は、私が常日頃思っている、その憂いを形にしたものです。でもそれは、決してネガティブなことではなく、むしろこれから私たちがどうしていくべきかということを示唆したものです。超がつくほどの高齢化社会に突入し、私たち全員がそのことを目の前に突きつけられています。自分が実際その時になって食生活の重要性に気付いてももう遅い、というようなことにならないように、私たちは今から、自分たちの理想とすべき食生活のあり方を考え始めなければならないと思うのです。この本は、その参考になると思います。

この本の中で何度も繰り返し出てくる「真っ当な野菜」がそのキーワードなのです。じっくりお読みいただき、これからの食生活の指針としていただければ幸いです。

南　清貴

目 次

第1章

真っ当な野菜が消える

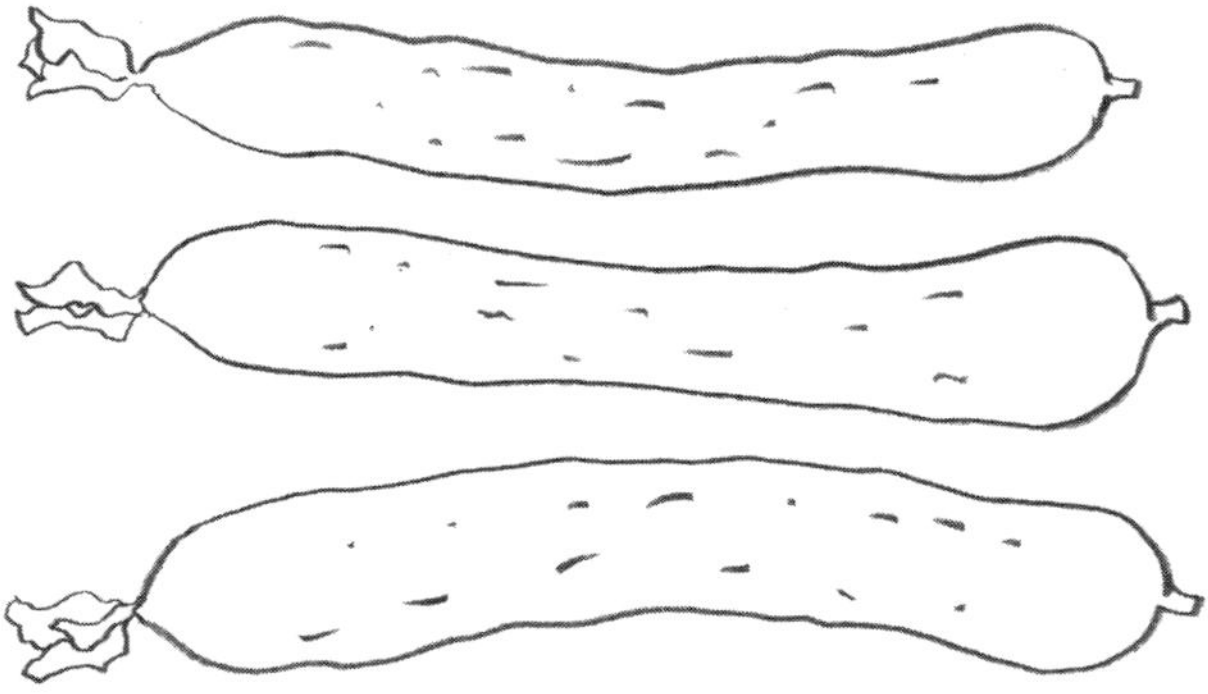

赤ちゃんがつかんだキュウリ

「真っ当な野菜」と聞いて、みなさんはどんなものを想像しますか？　高級スーパーで売っているような、つやが良くてツブがそろったブランド野菜でしょうか。それとも、パッケージに「有機」と印字されたオーガニック野菜？　いやいや、うちの近所の八百屋さんで売っている野菜は鮮度が良くておいしいし、あれこそほんもの……。

いろいろなご意見があるのは当然です。この本を手に取ったみなさんは、きっとおいしい野菜が大好きで、ご自分でも食べるものに何かと気を配っているでしょうから、野菜選びについても一家言あるに違いありません。

この本ではまず、私が考える「これが真っ当だ」という野菜についてふれておこうと思っています。私の考えでは、今日本の国内に流通している野菜の大部分、おそらく90％以上は、姿こそ野菜のような形をしていますが、中身は残念ながら紛《まが》い物といわざるを得ない。ずいぶん大げさないい方に聞こえるかもしれませんが、現実がそうなのだから仕方がありません。

では、私が考える「真っ当」とはどういうものなのか。その説明をする前に、私が2011年の夏からスタートさせた野菜の宅配システムで、利用者の一人に教えてもらったエピソードを聞いてもらいましょう。私が、真っ当な野菜を少しでも多くの人に届けたいと思って行っている宅配です。

その利用者は若いお母さん。息子さんは当時1歳ちょっとで、物心がついたというにはまだ早いぐらいの年頃です。ある日、お宅に宅配パッケージが届きました。箱を開けるとキュウリが入っていた。そのときです。横で見ていた息子さんが、いきなりそのキュウリに手を伸ばしてむんずと1本つかんだのです。あっと思ったお母さんが声をかけるより早く、その子は生のキュウリにがぶりとかじりつき、見る見るうちに1本平らげてしまった。そして、じつに満足そうな表情でニコーッと微笑んだのだそうです。

この話を聞いたとき、私は改めて真っ当な野菜が持つほんもののパワーに驚かされました。と同時に、一瞬でそれを見定めてしまった子供の本能的感性にも感心しました。その子は生のキュウリを見たこともなかったし、キュウリという名前も知らなかった。でも、まだ理性に支配されていない幼い子供は、体の欲求の趣くまま、見るからにおいしそうなその野菜に手を伸ばした。ほんもののおいしさを備えた野菜だからこそ、そんな本能的な行動を引き出したのです。

真っ当な野菜ってどんな野菜?

そろそろ種明かしをしましょう。この本でお伝えする**真っ当な野菜とは、「在来種」の野菜のこと**です。

在来種（固定種ともいいます）とは、ある土地で長い年月のあいだ栽培されてきて、その土地の土壌や気候にすっかり適応した野菜のことです。野菜に限らず生き物は何でもそうですが、ある環境のもとで何代も生き続けているうちに、その環境に適した性質を少しずつ身につけていきます。これが自然の中で起きるのが、生物の進化。野菜は人の手で栽培されるので、野生のような自然淘汰にさらされるわけではありませんが、それでも栽培されているうちに、その環境に適した性質を宿すようになっていきます。そんなふうにして、ある土地の風土に適応した品種を、在来種または固定種と呼びます。

1950年代ぐらいまでは、野菜といえば在来種のことでした。全国どこでも、地域の農家は、親の代から植え継いできた野菜をそのまま栽培するのが当たり前だったので、それぞれのエリアで自然に特有の品種が形成され、受け継がれていたのです。一説によると、**江戸時代には、全国に大根だけでも200種類ぐらいあった**といわれています。

ところが現在、在来種の野菜はほとんど作られていません。まれに作っている場合でも、農家の人が自家用に少しだけ栽培しているようなケースが多く、売り物として出てくることはめったにないのです。

現在、世の中に出回っている野菜のほとんどは、「F1種《エフワンしゅ》」と呼ばれます。聞き慣れない言葉ですが、これはある品種と別の品種を交配させて人工的に作られた1代目という意味。遺伝学の用語では雑種第一代。英語でいえばハイブリッドです。園芸店で野菜の種を買った場合、袋に「○○交配」と書かれていれば、それはF1種のことを意味します。

在来種とF1種は何が違うのでしょうか。多くの違いがありますが、食べたときに一番わかりやすいのは、味でしょう。在来種は一般に味が濃く、野菜そのものの旨味が凝縮されています。それでいてえぐみが少ない。香りも強く、白菜やキャベツのようなごく普通の野菜でも、包丁を入れるとハーブのような強い香りを発します。色も鮮やかです。サラダのような素材の風味が生きる料理にすれば、誰もが違いを実感できます。一般的なF1種の野菜しか食べたことがない人にとっては、まるで別物のように思えることでしょう。

それほどおいしい野菜が、どうしてほとんど作られなくなったのでしょうか。

F1種はどのように作られたのか

じつは在来種の野菜には、現代的な食品産業の立場から見ると、いろいろと扱いにくい性質があるのです。例えばサイズや形。スーパーの野菜売り場に行くと、並んでいる大根やキャベツが、見事なほど同じ大きさですね。別の店に行っても、まったく同じサイズの大根がずらりと並んでいます。もう見慣れた光景なので今や誰も驚きませんが、家庭菜園などで自分で野菜を作ったことがある人なら、あんなふうに大きさも形も均一に育てるのがいかに難しいかご存じでしょう。どうしてあそこまできちんとそろうのか。

在来種の野菜は、その土地に根付いた生命力の強さを持っています。自ら生きる力が強いといえばいいでしょうか。でもそのため、きっちり同じ大きさにそろえて育てるのが難しい。自分の力でたくましく育つので、サイズや成長速度を管理したくても、なかなかいうことを聞いてくれないのです。

種を同じ畑に一緒にまいても、育つ速度はまちまちです。成熟したときのサイズもばらばらだし、収穫できる時期も一株ごとに違います。だから一斉に収穫できない。要するに、種の一粒一粒が個性的なのです。

ところが、売り物として出荷するにはそれでは都合が悪いのですね。確かに「1本〇〇円」と値付けされる大根の長さがまちまちだったら、商売しにくいのはわかります。昔の八百屋さんは量り売りをしていましたから、サイズの違う大根を並べて、買うほうが家族の人数に合わせて長いのや短いのを選べば、重さを量って値段をつけてくれた。でも近代的な小売業のレジシステムには、1本ごとに重さを量って値を付けるなんていう非効率なやり方は適さないのですね。

そんなわけで、同じ時に植えて同じように育てれば、スピーディーに育ってきっちり同じサイズに成熟するような、管理しやすい品種が求められた。例えば大根なら、大根を並べて詰める段ボール箱のサイズがすでに決まっています。店頭で並べるショーケースのサイズも決まっている。ですから、ぴったりその長さになるような品種が望ましいのです。工場で作る製品のように、規格通りに仕上がるのが理想なのです。だから品種改良で、そういう性質をもつ品種を作り出した。それがF1種です。野菜を売る立場の人にとっては、そのほうが商品として扱いやすいわけです。

農家にとっても、一斉に収穫できるF1種は魅力的です。在来種の場合は、一株一株の育ちを見極めて、成熟したものから順に収穫するような細かい作業が必要ですが、F1種なら畑単位で一気に植えて、素早く育てて、一気に収穫できる。そういう作業なら機械を使ってできるから、効率がいい。しかも一斉に収穫すれば、すぐに次の野菜を植え付けられる。飲食店の経営などでいうところの〝回転率の高い経営〟ができるのです。

輸送をするときにも、在来種は扱いが難しい。一般に在来種の野菜は外皮が柔らかいので、箱に詰めて長い距離を移動すると、揺れてぶつかっただけでも傷みやすいのです。これでは広い範囲に流通させる商品として望ましくない。そこで、表面の皮が厚いＦ１種の品種が作られました。キャベツやレタスなら一番外側の葉が固いほうが喜ばれるし、ニンジンやキュウリは、皮が厚いほうが好まれる。喜んだり好んだりするのはもちろん、流通業者の人たちですよ。

外食産業の人たちから見ても、在来種には厄介な点があります。彼らは、味が淡白で香りも弱い野菜のほうが扱いやすいのです。極論すれば、味も香りもしないぐらいのほうがいいという。どうしてでしょう？　全国にチェーン展開するレストランを想像してください。各地で同じメニューが採用されていて、作るときはすべての店で、同じレシピを使います。でも、在来種は味も個性的ですから、同じニンジンでも収穫地によって味に独特のクセがあるし、1本ごとの違いもある。収穫時期によっても味が変わります。そもそも旬以外の季節では、基本的に収穫されないのです。そうなると、店ごとに、あるいはひと皿ごとに味も中身も違ってしまいますね。彼らは、それでは困るのです。全国で均一の料理を提供したいのです。

そこで、味は調味料で作り出すことにした。調味料を調合したレトルトソースなら、同じものを全国に配布するのは簡単です。そうなった場合、ベースになる野菜には、なるべく味がないほうがいいことになります。だから、味が淡白で香りも弱いF1種の品種が積極的に作られました。

もちろん中には、F1種でありながら特徴的な味を持つ品種の野菜もあります。ただそういう場合でも、「甘味が強い」「辛味が強い」などと一方向に突出した、単純でわかりやすい味のことが多い。これに対して在来種の味は、深みのあるワイルドで濃厚な味わいといえます。

こんなふうに、**さまざまな業界の事情をくみとって、商品として扱いやすい性質になるように品種改良された野菜が、F1種**なのです。

F1種の野菜は、種をつけない

Ｆ1種にはもうひとつ、在来種と決定的に違う点があります。安定した種をつけないのです。まったく種を作れないか、たとえ種ができても性質が安定しないため、農作物の種としては使い物にならないといいます。

Ｆ1種の種は、違う品種どうしを掛け合わせて作られます。親となるそれぞれの品種は、長年の栽培を経て純系として確立されたもの。ペットでいえば、血統書付きで売られている犬のようなものです。近親相姦的な操作を繰り返して作られた品種ですから、遺伝的な弱さがあります。

このとき例えば父方には「大きくて均一な実を付ける」、母方には「育ちが早い」という性質があるわけですね。そういう2品種を掛け合わせて、いいとこ取りの子供としてできるのがＦ1種です。両親それぞれの特徴を受け継いだ、商品として都合のいい姿として出てきます。

ところが、もしＦ1種から種を取ってまいても、孫に当たる次の世代の野菜は、祖父と祖母のいいとこ取りにはならないのです。親の世代では表に出なかった純系の弱い性質がばらばらに現れて、とても商品として売れる作物にはならないといいます。品質が均一に安定しているのがF1種を使うメリットなのですから、これでは意味がないですね。ですから、F1種から種を取って畑にまくことは、まずありません。

それでも、種をつけられるならまだいい。現代の育種技術は、雄しべと雌しべをすり付けるような原始的なやり方では交雑できない遠縁の品種同士でも、バイオ技術を駆使してF1種を作っているといわれます。そんなふうにして作られたF1種の場合、そもそも種をつけないことも多いそうです。

これは、動物の例で説明するとわかりやすいでしょう。みなさんはレオポンという動物を知っていますか？　オスのヒョウとメスのライオンを掛け合わせて産まれる動物で、頭部はライオン、体はヒョウのような姿をした、自然界では決して産まれない人工的な生き物です。彼らは子供を作ることができません。種を超えた交雑で産まれた生き物は、生き長らえるための基本的な能力が欠けているのです。種をつけないF1種も、おそらくレオポンのように、生き長らえることができない運命を背負った生き物なのでしょう。

子孫を残すのは、生き物のもっとも基本的な性質。F1種にその能力が欠けている（または不安定である）という事実は、**F1種の生命力の弱さを象徴**しています。畑という人工的な環境では1回だけ実を付けられるけれど、自力で産み増えることはできない。人間の都合で作られた、生物としては不安定な姿といわざるを得ないでしょう。

野菜の種はビジネスツールになった

でも、なぜそんな無理な交雑を行うのでしょうか。そこには主に2つの理由が考えられます。

ひとつは、目的にかなう性質を持つ作物を手軽に作り出せること。自然環境の中から生まれてくる品種（在来種）では、人間にとって都合のいい性質をすべて備えることなど、めったにありません。ですから、例えば「大きくて均一な実を付ける」という性質と、「育ちが早い」という性質を兼ね備えた作物を手に入れたいと思ったら、それぞれの性質を持つ品種を、無理やりにでも掛け合わせてしまうのが早道なのです。

もうひとつの理由は、よりビジネス的な意味を持っています。畑で育てた野菜がまともな種をつけなければ、農家の人が同じ品種を栽培するには、翌年また種を購入する必要があります。つまり、**「種を売る」というビジネスが安定的に成立する**わけです。種を売る側にとって、これほど都合のいい性質はありません。

在来種が普通だったころ、収穫を終えた農家の人は、「採種」という作業をしていました。一部の野菜を収穫せず畑に残し、そこから翌年まくための種を採ったのです。このサイクルがうまく回っていれば、外から種を買う必要はありません。そしてそのプロセスを繰り返す中で、野菜は徐々に環境に適応し、その土地の風土に適した姿になっていった。

ところが、F1種の栽培が主流になると、農家は種を買うしかありません。採種は農家の人にとって大変な作業ですから、その手間がかからなくなったといえば聞こえはいい。農家の人も、種を売る業者が初めて現れたときには、「これは楽だ」と感じたことでしょう。でも、「種は買うもの」という意識が農家に広がるほどに、在来種は生き残る場所を失っていき、種苗《しゅびょう》メーカーの影響力は世界的に大きくなっていきました。

現在、欧米の大手種苗メーカーは、最新の遺伝子組み換え技術を駆使して、〝種兵器〟とでも呼ぶべき強烈な種子を作り出しています。作物の遺伝情報の中に、「自殺遺伝子」と呼ばれる遺伝子を人工的に組み込んでおくのです。同じ畑に農家の人が採種した種をまくと、その遺伝子の働きで発芽と同時に毒素が作られ、その植物は死んでしまうのです。

こんな遺伝子を組み込んだ種が、万が一にも商品になったら大変なこと。農家の人は完全に自家採種の道を断たれます。その後、どんなに種の値段を釣り上げられても、**種苗メーカーのいいなりになるしかない**でしょう。世界中の農作物の種を一手に牛耳ることも可能になる、恐ろしいテクノロジーです。

技術的にはすでに確立されて、特許も成立していますが、さすがに国際的な影響が大きいので欧米各国の思惑が一致せずに国際交渉の議題となっており、今はまだ実用化されていません。

要するに、こういうことです。**野菜の種は、世界のアグリビジネス企業がしのぎを削ってシェア争いをしている、ビジネス競争の最前線**なのです。F1種はそういう競争の中から生まれたもの。自然環境の中でじっくり形成された在来種のような牧歌的な雰囲気は、もはやみじんもありません。成り立ちから、れっきとしたビジネスツールなのです。

「まずくて食えたもんじゃねぇ」

こんなふうにして、さまざまな業界から出てくる産業的な事情によって生み出されたF1種の野菜が、今の日本の食卓を席巻しています。農家も、流通も、小売りも、F1種しか扱いたがらないのだから、そうなって当然です。

野菜料理のレシピ本などによく、「素材の味を生かした」というフレーズが書かれていますね。これは野菜以外の素材を使った料理でも一緒ですが、野菜料理は特に、素材の味が出来上がりのおいしさを左右します。素材が持つ味と香りが、料理全体のおいしさの決め手なのです。

でも、大半のF1種は味よりも、早く育つことや輸送の利便性を追求して品種改良されています。**味はむしろ無味無香になるように作られている**ものが多い。これでは、腕のいい料理人が技を尽くして手間をかけても、本当においしい野菜料理にはなりません。

国内唯一の、在来種の種を専門に扱う種苗店「野口種苗研究所」代表、野口勲さんが書いた『タネが危ない』（日本経済新聞出版社）という本に、野口さんの会社が作ったカブの種（もちろん在来種）を、農業コンクールに出品したときのエピソードが載っています。そのコンクールでは、出品されたカブの種を実際に畑にまいて育成具合などを審査します。野口さんのカブは在来種なので、ほかの会社のF1種に比べて成長にばらつきがあったのでしょう、その年は上位に食い込めなかったといいます。

ところが、審査が終わって各出品者が畑に戻ったとき、ある顔見知りの種苗会社の人が野口さんにこう聞きました。

「お宅のカブはどれだい？」

野口さんが自分のカブの場所を告げると、その人はほかの出品者たちと、口々にこんなふうにいい始めたというのです。

「そうか、もらって帰って今夜のおかずにするべい。いいたかねえけど、F1のカブなんてまずくて食えたもんじゃねぇからな」

F1種の種を開発し、販売しているメーカーの本人たちがそういっているのですから、間違いない話です。そして実際に畑からは、野口さんの種のカブだけがきれいに持ち帰られたそうです。

つまり、野菜売り場にF1種の野菜しか並ばない現状では、ご家庭で本当においしい野菜料理を味わうことは難しいのです。野菜好きのみなさんにとって残念な話だと思いますが、これが今の日本の現実です。食品業界や流通業界の事情が優先されて、真っ当な野菜が、食卓から駆逐されてしまったのです。

本当にうまい野菜なら、塩や味噌、オリーブオイルなどをちょっとつける程度で、十分においしく食べられます。いやむしろ、そういうシンプルな食べ方が一番うまいといってもいいでしょう。でもたいていの**F1種の野菜にオイルをかけても、オイルの味しかしません**。こんな野菜をサラダにしても、ちっともおいしくない。

そこで市販のサラダドレッシングには、味を濃くするさまざまな調味料が入っています。ドレッシングを刺激的にしないと味がしないのです。

スープや炒め物でも事情は一緒。味がしっかりした野菜なら、塩と胡椒程度のシンプルな味付けで十分においしくなります。ごてごてと味の強い調味料を入れると、野菜の味とぶつかってしまい、かえっておいしくない。でもF1種野菜でシンプルな味付けにしても、味がしないスカスカな料理にしかなりません。仕方がないから、コンソメとか化学調味料とか、いろんなものを入れることになってしまう。

でも、そんなふうに作った料理が仮にある程度おいしくなったとしても、それは調味料の味。A社の調味料とB社の調味料を比べてどっちがおいしいといっているようなものです。そういうものを果たして野菜料理と呼べるでしょうか？

日本人の舌は化学調味料漬け

味覚は、日ごろ食べているものに大きく影響されます。いつも化学調味料が入った食べ物ばかり食べている人は、化学調味料の味がしなければ物足りないと感じるようになってしまう。私はかつてレストラン「キヨズキッチン」という日本初のオーガニックレストランを経営していたときの経験から、今の日本人の大半は、味覚が化学調味料漬けになっていると確信しています。なぜなら、多くのお客さんが、「お宅の料理は味が薄いねー」という感想を漏らしていましたから。ケミカルな味がしないと物足りないのです。〝オーガニックレストラン〟と銘打っている店にわざわざ足を運ぶお客さんでさえそうですから、普段からファミレスやファストフード店ばかり利用している人は、推して知るべしでしょう。

これは、私だけの確信ではありません。食品産業にたずさわる人の中では、**日本人の化学調味料好きは今や常識**。ですから、海外で修業してきて腕に自信のあるシェフの中にも、国内で開いたレストランではわざわざそういう調味料を使う人がたくさんいます。本人は必ずしも、それをおいしいと感じていないのに、です。でも、国内ではそういう調味料を入れたほうが受けがいいから使うといいます。もちろん加工食品や調理済み食品を開発・販売する人は、化学調味料を使うことを前提に味を決めていきます。そのほうが売れるから、みんなそうしているのです。

ところが、です。口では「味が薄い」などといっていたキヨズキッチンのお客さんたちは、なぜか徐々にリピーターになっていったのです。最初は戸惑いながらもおいしそうに完食して、何日か経ったらまたやって来る。そんな人がたくさんいたのです。不思議ではありませんか？　やっぱり、ほんものの味のおいしさは、本能的にわかるのですね。私はそう思っています。人間も動物ですから、**素材の生命力が発する自然な味は、きちんと感じられる**のです。最初に紹介した１歳の男の子のような感性は、誰の体の中にもあるのです。

そうして通ってくれるうちに、当初は「味が薄い」と感じていた味付けが、だんだんおいしいと感じられるようになってくる。化学調味料に慣れ切っていた味覚がリセットされて、素材の味のおいしさを実感できるようになるのです。

ただし、そんなふうになるにはもちろん、真っ当な野菜を使った料理でなくてはいけないのです。

多彩な栄養素がおいしさを生み出す

在来種の野菜は、持っている栄養素の範囲が広く、多彩な成分を含んでいるといわれます。**厳しい環境の中で生き残っていくために、自分を守るための成分を豊富に備えている**わけです。

例えば抗酸化成分。植物は光合成をするために、太陽の光を浴びますね。日当たりのいいところに生えた植物ほど、たくさんの光を浴びてより多くのエネルギーを生産できます。でも日当たりがよければ、同時に大量の紫外線も浴びてしまう。それが原因で、植物の中では大量の活性酸素が生じます。動物なら歩いて日差しを避けることもできますが、植物は歩けませんから、自分の中で何とか処理しないといけない。そこで、さまざまな**抗酸化成分を作って、体の中に蓄えている**のです。

人間の体も紫外線や活性酸素の害にさらされていますから、植物由来の抗酸化成分を常に取り込む必要がある。体は本能的に、そのことを知っているのです。だから、そういう成分を大量に含んだ野菜の味を「おいしい」と感じるようになっています。

ほかにも、**土壌から吸収した微量ミネラルや、人体が合成できないビタミン類**など、必要な成分をたくさん含んでいるのが、在来種の野菜。土壌の栄養を吸収する力も、ビタミン類を合成する力も強いのです。こんな多彩な栄養素が、「ほんもののおいしさ」を生み出す源なのです。

こういうおいしさは、化学的に合成した調味料が作り出す単に刺激的な味とは、次元がまったく違います。それはもう、食べてもらえば誰でもわかります。舌先ではなく、体全体に喜びと感動が染み渡るような、全身全霊で味わうおいしさ。大げさでも何でもなく、「生きててよかった～」とつぶやきたくなる、そんな感覚なのです。そういうおいしさを味わうことができる野菜だから、私は「真っ当な野菜」と呼んでいるのです。

逆にいうと、F1種の野菜が農業を席巻したことで、日本の食卓からこういうほんものの味が消えてしまった。今はそういう時代です。**現代に生きる私たちは、調味料を加えなければ味のしない、にせもの野菜ばかりを食べているの**です。

見栄えの良くない野菜は売れない

さて、ここまで読んだみなさんはどんな感想をお持ちですか。「業界の都合で自分たちがおいしい野菜を食べられなくなったのか！」と、怒りや不満を感じているかもしれませんね。

気持ちはわかります。でも、私がこの本で伝えたいのは、そういうことではありません。日本の野菜がF1種一色になってしまったのは、じつは消費者側の都合、つまりみなさん方自身がそうなることを望み、選んできたという側面も、大変に大きいのです。そのことを理解していただきたいのです。

在来種とF1種の違いをもうひとつ挙げましょう。それは「値段」です。通常、**F1種のほうが、ずっと安く作れる**のです。

話を実感しやすくするために、動物性の食品の例を使って説明しましょう。一般に売られている「卵」は、品種改良で作られた採卵用の品種のニワトリが産んだものです。早く育ち、たくさんの卵を産む品種です。そんなニワトリに、一層効率よく卵を産ませるため、ニワトリは通常、ほとんど身動きできない狭いケージで飼育され、均質に調合された人工飼料を与えられます。どれもこれも、短期間でより多く採卵するためです。これで、味が均質で大きさもそろった卵が量産できます。安い配合飼料で量産できるから、卵の値段も安くなるわけですね。

ただし、そんなふうに量産された卵は、味もそれなりにしかなりません。もっとうまくて濃厚な卵を食べたければ、太陽の下で放し飼いにして、端切れ野菜を与えたり、虫をついばんだりさせながらじっくりと育てた健康な地鶏の卵を求める必要があります。実際、私の友人でそんなふうにして卵を生産している畜産農家がいるのですが、この卵はもう、言葉にならないほど濃厚で、上品で、でも複雑にさまざまな要素が絡み合っていて、強烈な個性があるのに臭みがない。卵の概念が変わるほど、おいしい。

ただ、安くはないです。それだけ手間がかかっているのだから当然です。といっても1個何千円もするわけじゃありません。普通の卵の1・5倍からせいぜい2倍ぐらい。一般的なものに比べたら高いですが、そのぐらいの金額が財布に入っていないことはないでしょう？　衣類や家電だったら、みなさんはもっと高価な商品を普通に買っているはず。その気にさえなれば、決して払えない金額ではありません。

実際、卵はまだ高いものでも売れるのです。ちょっと想像してみてください。何かいいことがあって、今夜の晩ご飯は少し奮発しようという気分でスーパーに向かったとしましょう。肉と、卵と、野菜のコーナーで、それぞれ通常価格のものと、ちょっと高いけれどおいしそうなものが並んでいたとします。どれなら奮発する気になりますか？

肉や卵なら、奮発してもいいと思う人がけっこういらっしゃると思います。でもそこで野菜に奮発する人は、残念ながらあまりいないのではないでしょうか？　いろいろある食材の中で、野菜はなぜか、何となく格下のものとみなされる傾向があります。だから動物性のものでは「奮発していいものを買おう」という気になっても、野菜は、安いほうがいいとしか思わない。みなさんの心の中にも、そんな傾向はありませんか？

ましてや、その高いほうの野菜には土がついていて、大きさがばらばらで、形も曲がったりいびつだったりしたらどうでしょうか？　形がそろってパック詰めにされた安いほうに手が伸びる人が多いのではないですか。

「見栄えが良くない」のも在来種の野菜の特徴といえるでしょう。F1種は、見栄えも良くなるように品種改良されているのです。スーパーなど小売り業の人たちに、なぜ在来種の野菜を扱わないかと聞くと、答えは決まっています。「見栄えの良くない野菜は売れません」。売れないから扱わない。だから農家も作らない。ビジネスとしては当然のことです。在来種が消えつつあるのは、根本的には、消費者がそれを買ってくれないからなのです。

F1種は大量の肥料に〝耐える〟品種

F1種の野菜には、安全面の問題もあります。**化学肥料や農薬を使うことが前提に**

なっているからです。

Ｆ１種の野菜はほぼ間違いなく「耐肥性」という性質を持っています。耐肥性とは「肥料に耐える」、つまり肥料をやっても生きていけるという意味です。不思議な言葉ですね。肥料は野菜を育てるために与えるはずなのに、それに「耐える」とはどういうことでしょうか。

園芸を楽しむ人なら、肥料のやりすぎは植物にとってかえって害になることをご存じでしょう。一般に植物は、肥料を与えすぎるとうまく育ちません。

それなら枯れない程度に肥料の量を抑えればいいと普通は思うはずですが、近代的な農業では、そうは考えません。野菜の収穫効率を上げるには、どんどん肥料を施して栄養を与え、できるだけ早く育つほうが望ましい。だから、大量の肥料に「耐える」品種が開発されたのです。そういう品種を植えてガンガン肥料を与え、早く均質に育てて一斉に収穫する。これがＦ１種を使う農業の基本的な考え方。いってみれば「促成栽培」です。そういう育て方に耐えられる品種を選び、作り出してきたのです。

一方の在来種は、その土地の土壌で生きていけるように適応した野菜です。土の成分を吸収する力が強く、養分をフルに取り込んで育つのです。だから、基本的には肥料をやらなくてもいい。実際、在来種が普通に栽培されていた1950年代以前には、化学肥料はまだほとんど使われていなかったし、落ち葉などを発酵させて作る堆肥《たいひ》も、現代の農業と比べたらごくささやかにしか使っていませんでした。そんなやり方でも在来種は育つのですから、植物としての生命力が強いといわれるのです。

土の力を取り入れて、自らの生命力でじっくりと育つ在来種。でも、近代的な農業が野菜に求めたのは、収穫の効率です。肥料ならいくらでも与えればいいのだから、肥料なしで力強く育つ生命力など必要ない、それよりも、肥料の成分をどんどん吸い上げてさっさと育つほうがいいと考えたのです。

F1種は硝酸態窒素で〝メタボ〟状態

もう少し具体的に説明しましょう。野菜が肥料から吸収する重要な成分は、窒素。化学肥料の中には、硝酸態《しょうさんたい》窒素という形の、植物にとって吸収しやすい分子構造を持った窒素化合物が大量に含まれています。通常の植物は、取り込んだ硝酸態窒素を体の中でアミノ酸やビタミンに変換し、自分の体を成長させたり、機能を保つために使います。生きていくために必要な量を超えた硝酸態窒素はいりません。それ以上あるとかえって害になりかねないのです。

ところが耐肥性の強い野菜は、取り込んだ硝酸態窒素を、そのまま葉や実へどんどん蓄積させることができるのです。これはちょうど、運動不足でメタボの人が、食べた栄養をあまり消費せず、お腹の周りに脂肪としてため込むようなものです。ため込む能力が高いから、大量の肥料に耐えられる。いわば「肥満体質の野菜」といえます。

硝酸態窒素をためた野菜は、一緒に大量の水分も吸収します。硝酸態窒素が高濃度のままでは都合が悪いので、水で薄める必要があるのです。すると見た目では、水を含んで葉が肉厚になり、茎もしゃきっと立ちます。あたかも元気で新鮮な、みずみずしい姿に見えるのですね。しかも均一に素早く育つ。**水と硝酸態窒素で体を肥大させているから、早く大きくなる**のです。人間でも、筋トレをして筋肉をしっかり育てるのには時間がかかりますが、脂肪で太るのなら簡単でしょう?

逆にいうと、たとえF1種の野菜でも、腕のいい農家が、肥料を加減しながら野菜の生命力をうまいこと引き出してじっくり育てれば、じつは相当おいしく育ちます。農家の人はよく自家用として、化学肥料や農薬を使わない畑を別に持っているのですが、そういう畑には、F1種でもかなりおいしいものがあったりするのです。肥満しやすい体質の人でも、質の良い食事をとって適度な運動をしていれば、健康体を保てるようなものでしょう。

そういう意味では、在来種を「ほんもの」、F1種を「にせもの」とばっさり分けるやり方は、少し乱暴すぎる面もあります。**育て方次第では、F1種野菜でもほんものに限りなく近いうまさになる**。これもまた、私の偽らざる実感です。

ただ、商品として売りに出すF1種の野菜をそんなふうに育てる農家は、現実にはほとんどいません。通常の流通ルートに出てくる野菜の大部分は、化学肥料をふんだんに与えられて素早く育てられたF1種。しっかり〝メタボ〟なのです。

硝酸態窒素が残留した野菜を食べれば、私たちの体にも硝酸態窒素が入ってきます。じつはこの成分が、野菜のえぐみの正体。ほうれん草やチンゲンサイを生で口に含むと、えぐい後味が残ることがありますね。あれが、野菜の中に蓄積した硝酸態窒素の味です。

そして**硝酸態窒素は、人体の中で有害な成分に変換**されます。まず、**口の中や腸の中に棲む細菌の作用で亜硝酸態窒素に変わります**。これは、貧血を引き起こす可能性があるといわれます。さらにこれが体の中でたんぱく質と反応すると、**ニトロソアミンという強力な発ガン作用を持つ成分に変わってしまう**のです。

加えて、残留農薬の問題もあります。F1種の野菜は、肥料をたくさん与えることを前提に作られていますが、畑に肥料を入れて喜ぶのは、野菜だけではありません。雑草もぐんぐん成長します。そして雑草が生い茂れば、それを食べる昆虫なども寄ってくる。そこで除草剤や殺虫剤の出番です。こういった薬物を使うことで初めて、F1種は順調に育ちます。初めからそのように設計されているのです。

つまりF1種の野菜は、化学肥料や農薬と、常にセットなのです。だから硝酸態窒素がたまっているし、残留農薬のリスクもある。安全性や生命力よりも、生産効率を優先させて作られた野菜ですから、必然的にそうなるのです。

有機野菜も〝メタボ化〟している

それなら有機野菜を食べればいい、と思ったかもしれませんね。確かに有機野菜は、農薬と化学肥料を使わないことが認定の条件になっていますので、残留農薬の心配は少ない。でも残念ながら「それなら安全」とはいい難い事情があります。ここでも問題になるのは「硝酸態窒素」です。

有機農法では、家畜の糞や落ち葉などを発酵させて作った堆肥を、肥料として畑に入れます。この堆肥の質が問題。完熟していればいいのですが、発酵が未完熟な状態では、堆肥の中にアンモニア態窒素や硝酸態窒素などの成分が含まれているのです。アンモニア態窒素は土壌の中で硝酸態窒素に変換されるので、こういう**質の悪い堆肥をたくさん使うと、結果として、化学肥料を大量に使った場合と同じ**ことが起きます。野菜の中に硝酸態窒素が蓄積するのです。

みなさんの中に、せっかく有機野菜を買ったのに、食べてみると苦くてひどい味だった、という経験をした人がいるかもしれません。それは硝酸態窒素がたまっていたから。私もいろいろな有機野菜を食べてみましたが、硝酸態窒素がかなり多く含まれているると思われる味の野菜が、そうとう出回っています。有機野菜も〝メタボ化〟が進んでいるのです。

残念ながら日本の有機農家の中には、技術的に未熟な人がかなりいるのです。堆肥を管理して使いこなすには、相当の技術と経験が必要。腕のない人においしい野菜が作れるほど、農業は易しいものではありません。しかも、経験を積むのには大変な年数がかかるのです。1年かけてようやく1サイクルしか体験できないのですから、何かに失敗しても、やり直すのはまた来年。こんなに学習するのが難しい仕事は、なかなかないでしょう。だから、**一人前の農家が育つのは、ものすごく時間のかかるプロセス**なのです。

さらにもうひとつ。有機農法で作られている野菜も、ほとんどがF1種なのです。

さきほど「F1種と化学肥料、農薬は常にセット」とお話ししたばかりなのに、矛盾していると思うでしょうね。確かに矛盾ですが、これが事実ですから仕方がありません。

「有機農法（農薬や化学肥料を使わない農法）に適した野菜は何か？」と聞かれれば、本来、答えは在来種の野菜です。Ｆ１種は農薬や化学肥料を使うことを前提に、品種改良されたのですから。でも、有機農法に取り組む農家の大半はＦ１種の野菜を栽培します。なぜでしょう？

それは、Ｆ１種野菜のほうが売りやすいからです。大きさや形がきれいにそろっていて、しかも輸送しやすいＦ１種は、今の世の中において、在来種よりずっと商品価値が高いのです。その価値をもうワンランク高めようとして「有機」に参入してくるのですから、そこでわざわざ在来種を選んで商品価値を下げる必要はないでしょう。これも、ビジネス判断としては当然の選択です。

有機農業も伝統野菜もＦ１化

そもそも、有機農業はとてもお金のかかるビジネスです。ＪＡＳ法は「有機」「オーガニック」などと表示するための認定条件として「種まきや植え付け前の２年間、畑で農薬や化学肥料を使っていないこと」などを条件にしており、認定機関のチェックや認定後の監査もかなり厳しく定められています。こういった審査や手続きには、時間と手間、そして費用がかかります。費用はもちろん、認定を受ける農家が負担します。小規模な農家ではとても負担できません。

つまり、広大な田んぼや畑に効率のいい農業機械を導入し、大量生産、大量販売して**大きなお金を動かすような大規模経営農家でないと、有機JASは維持できない**。そしてそういう大規模な農業に適した野菜は何か?と考えるなら、それは育成スピードが均一で計画的に育てやすいF1種なのです。

「オーガニック」という言葉から、何か牧歌的な田園風景のようなものを想像していた人にとっては、興ざめする話だったかもしれません。でもこれが、日本の有機農業の現実です。もちろんそんな中にも、「ほんものを作ろう」という高い志を持って頑張っている人はいます。でも多くは、産業的ニーズの傘下に組み込まれてしまっています。そんな状況にあるオーガニックという看板を、安全性や「ほんものの味」を追求する指標とみなすことは難しい。これも結局、商品の価値つまり値段を高める手段として使われているのです。そんな考え方で育てられた有機野菜は、有機ＪＡＳの基準こそクリアしていても、味のいいものにはまずなり得ません。

興ざめついでにもうひとつ、「伝統野菜」の話もしておきましょう。九条ネギとか、練馬大根とか、地名がついた特産品の野菜がありますね。ここまでお伝えしてきた在来種の話を聞いて、ああいう伝統野菜のことを思い出していた人もいると思います。

ああいった各地の特産野菜は、確かにもともとは在来種の代表格だったでしょうね。でも今は違います。伝統的な品種が、その特徴的な性質や外観を保ちながら〝Ｆ１化〟され、その種が売られているのです。各地で伝統野菜を作っている農家の多くは、Ｆ１種になった伝統品種の種を毎年購入し、「Ｆ１伝統野菜」を作っています。そのほうが農家にとっても、流通や小売りにたずさわる人にとっても便利だから、そうなってしまったのです。

日本の食卓は危機のさなかにある!

私と同世代か、それより年長の人であれば、**「昔の野菜はうまかった」**という話に実感を持ってうなずいていただけると思います。若い人でも、ご両親やおじいちゃん、おばあちゃんからそんな話を聞いたことがあるかもしれません。つまり、昔といってもそれほど遠い昔のことではありません。今生きている、人生がベテランの域に入りかけたぐらいの人たちが子供のころには、在来種の野菜は、仰々しく祭り上げるようなものではなかったのです。身の回りに普通にある、ごく当たり前の食べ物でした。

それがわずか半世紀あまりの間に、ここまで隅に追いやられてしまった。私はここに、深い悲しみと、強い危機感を覚えます。それによって日本の食卓の豊かさが、根底から壊されてしまったのです。

国内の種苗メーカーの中には、在来種の種を残そうとして頑張っている人たちもいます。今ならまだ、ある程度の種が残っているのです。でもそういうメーカーだって、ビジネスをしているわけですから、在来種の野菜がこのままま
まったく売れなくなっていけば、どこまで頑張れるかわかりません。あと10年もすれば、完全に消えてしまう可能性だってあるのです。

農家の中にも、在来種を作る意欲を持っている人がいます。効率至上、農薬ありきのＦ１種野菜作りを、全員が好んでやっているわけではないのです。ただ、そうはいっても彼らも仕事ですから、買って食べてくれる人がいなければ、作ることはできません。

つまり、**在来種が生き残れるかどうかは、消費者の意志にかかっています**。見た目は不格好で少し高いけれど、生命力が強くてとびきりおいしいこの野菜を、みなさんが買ってくれるかどうか、それ次第なのです。

さて、在来種がＦ１種に取って代わったこの半世紀あまりを振り返ると、変化したのは食卓にのぼる野菜の味だけではありません。私たちが暮らす社会の仕組みやものの見方、ライフスタイルなども大きく変貌してきたのは、みなさんもご存じの通りです。日本人の価値観が、この短い期間で劇的に変化したといってもいいでしょう。

そしてその変化の方向は、「手のかかる在来種が疎《うと》まれて便利なＦ１種が広まった」

ということまで紹介してきた現象と、見事にシンクロしています。世の中全体が、在来種的な価値を軽んじ、Ｆ１種的な便利さや効率の良さばかりを追求してきた半世紀だったといえるのです。

じつは、私が本当に危機感を抱いているのは、この部分です。在来種が消えること以上に、「在来種の良さがわからない日本人になったこと」に、寒々しさを覚えるのです。

そこで次の章では、在来種からＦ１種へと農業が変質していく中で、私たちはいったい何を失ってきたのかを考えたいと思います。失ったのは、おいしい野菜だけではないのです。

野菜の危ない話①

冷蔵庫で野菜が溶けていた！

おいしさの表現として「とろけるような」というのがありますが、最近は保存しておいた野菜がとろける、なんていうことがよく起きます。特にほうれん草や小松菜などの葉物野菜に多い。じつはこれ、けっこう怖いことで、溶けて腐る前に食べたから大丈夫、というわけにはいかないのです。申し上げておきますが、真っ当な野菜は、腐りません。枯れていくのが本来の姿です。野菜が溶けて腐るのは、野菜に含まれる硝酸態窒素の過多が原因です。

本文でも触れたように、野菜は自分たちの体を作るために土壌の中の「窒素」を硝酸態窒素という形で根っこから吸収します。野菜の中に吸収されると、硝酸態窒素は光合成に使われ、野菜が成長するのに役立ちます。その硝酸態窒素を直接野菜に与えるために使われるのが、化学肥料です。しかし、化学肥料をあげすぎると、野菜は自分の意思で吸収を止めることができないので、処理しきれずに硝酸態窒素のまま葉や茎にどんどん蓄えてしまいます。いわば、栄養過剰の状態です。そしてそれを薄めようとして、水も溜めこんでしまい、水膨れの状態となります。そのような野菜は異常に葉の緑色が濃かったり、触るとぶよぶよしていたり、裂け目ができていたりします。さらに保存しておくと溶けはじめてしまうのです。人間だって、栄養過剰になると糖尿病などになってしまい、やがて体の一部が腐ったりしてしまいますよね。野菜も同じです。

そして、さらに困るのは、野菜が蓄えてしまった硝酸態窒素を、野菜を食べることで人間が体内に摂り込んでしまうことです。硝酸態窒素は、体内に摂り込まれると亜硝酸態窒素という物質に変化します。それがさらに、血液中のヘモグロビンという物質と結合すると、酸素が体のすみずみまで行き渡ることを邪魔するのです。大人でもたいへんですが、体が小さい赤ちゃんに起きると致命的なことになりかねません。

また、もう一つ危険なのは、硝酸態窒素は消化器の中で、肉や魚などの動物性たんぱく質から分離したアミンという物質と結合し、ニトロソアミンという強力な発がん物質を作り出してしまうことです。

これらの健康被害を危惧したＥＵでは、サラダ菜とほうれん草に硝酸態窒素の含有量の基準値をもうけ、４月～９月は２５００㎎／㎏、10月～３月は３０００㎎／㎏を上限としています。それ以上のものは汚染野菜とされていますが、日本にはいまだもって基準はありません。健康によかれと思ってせっせと食べていた野菜に、硝酸態窒素が過剰に含まれていたら、健康に役立つどころか、とんでもない事態にもなりかねません。特に硝酸態窒素が溜まりやすい葉物野菜は、異常に緑色が濃いものは買うのを避け、よく洗い、ゆでこぼすなどして、できうる限り硝酸態窒素を遠ざける努力が必要です。

第2章

農業の産業化で失われた4つのこと

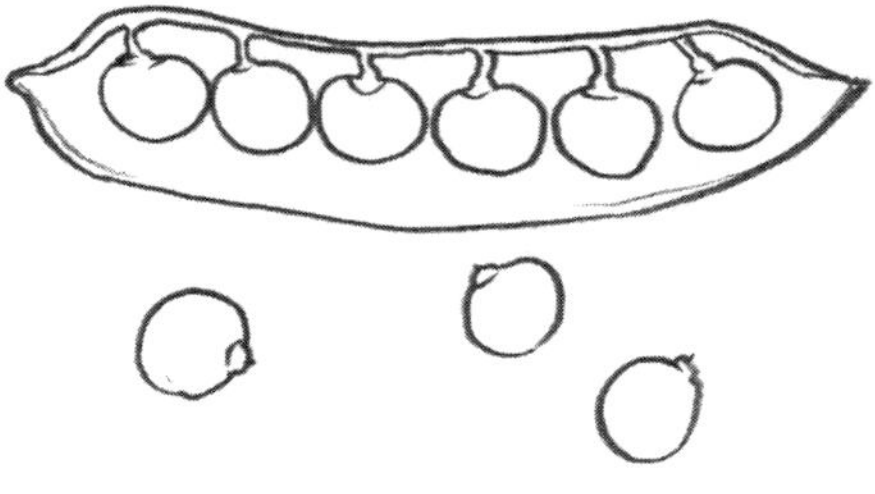

食事が人、そして社会を作る

現在、大半の日本人にとって、農業はそうとう縁遠いものです。近所に農家の人が住んでいて個人的な付き合いがあったり、親戚が農業を営んでいるような人は別ですが、そういう個人的なつながりがない人にとって、農業は事実上、別世界の出来事でしょう。時折郊外に出かけて、田んぼや畑が広がる風景を目にすれば、ふっと気持ちが和らいだりすることはあるだろうけれど、そこで行われている営みと、自分の生活とのつながりを実感するのは、実際のところなかなか難しいと思います。

でも、実感は伴っていなくても、現実には、農業は私たちの生活ととても強くつながっています。よくテレビのニュースなどで、日本の食料自給率が低いことが問題になっていますが（2010年度の自給率は金額ベースで69%、カロリーベースで39%）、野菜だけの自給率なら80%程度、主食用の米に限ってみれば、10年以上100%を達成しています。食卓に並ぶ食べ物のかなりの部分は、現在においても国内の農家の人が作った作物なのです。これはとても強いつながりといえますね。

Tell me what you eat, and I will tell you who you are.（あなたの食事を教えてごらん。そうしたら、あなたがどんな人かいい当ててみせよう）という言葉をご存じですか。18～19世紀に活躍したフランスの政治家にして美食家、ジャン・アンテルム・ブリア＝サヴァランの言葉です。内外の食に精通していたブリア＝サヴァランは、人間の食事が、その人物の生き方や人となりを反映していることを、見事に見抜いていました。

食事は、単なる栄養補給ではありません。いつ、どこで、どんな雰囲気の中で、どんな人と一緒に、どんなスタイルの食事をするか。食事には、その人物像が反映されます。

いくつか例を挙げてみますので、それぞれどんな人がイメージされるか、想像してみてください。

・家族や仲間とわいわい食べるのが好きな人
・とにかく焼き肉が大好きな人

・ワインや食材のうんちくを語るのが好きな人
・コンビニ食は安くて仕事をしながら食べられるから便利だと思っている人
・ちゃんとした食事とは、レストランのコース料理だと思っている人
・ご飯と味噌汁がないと食事をした気がしない人

いかがですか。食事の好みやスタイルを聞くだけで、どんな人なのかイメージがわいてきませんか。生活ぶり、話し方、着ているものや家具の趣味まで浮かんで見えそうですね。逆に、食事によって人間が形成されるという面もあります。これも栄養的な意味だけではなく、食事の好みやスタイル、その場に流れる時間を通じて、心身両面の人間像が作られていくのです。

そして、人間が集まって社会が作られるのですから、社会における食のありようは、社会全体のあり方と強い影響を及ぼし合っています。これは間違いのないことです。

食を支えるのは農業。ですから、私たちが暮らす世の中は、その時代の農業との間にも深い関係があることになります。つまり、農業がどんなスタイルで営まれ、どん

な作物を作っているかという農業サイドの事情は、私たちの暮らしや社会の動き、ものの考え方と深く影響し合っているのです。

それでは、農作物が在来種からＦ１種へシフトしたことに伴って、世の中にどんな変化が起きたのか。私は、日本から大きく４つのことが失われたと考えています。**「食の安全」「人のつながり」「社会的な豊かさ」「生きた土」**の４つです。

この章では、この４つの問題について考えていきましょう。

農家は自家用の畑に農薬を使わない

野菜の安全性については、前の章でも触れましたが、ここでは少し違う角度からお話しします。まず私自身の体験を聞いていただきましょう。

私は食の仕事にかかわる前、整体指導者として仕事をしていました。最初に施術所を開いたのは、千葉県市原《いちはら》市。当時の市原はまだのどかな田園地帯で、田んぼや畑が一面に広がっていました。そこで農業をしている人たちがたくさん、私の整体を受けにきてくれたのです。

体を診ていくと、体調を崩している人の体に不思議な共通点が見つかりました。整体の観点から見て「肝臓が悪い」というサインが現れているのです。初めは不思議だなぁと思っていたのですが、話を聞いていくうちに、だんだんわかってきました。原因は農薬だったのです。

肝臓は、体の解毒をつかさどる臓器です。食事や呼吸に紛れて体内に入った毒物は、肝臓に運ばれ、そこで解毒されます。だから、毒性のある成分を日常的に取り込んでいると、肝臓に負担がかかって機能が衰えてしまいます。

農家の人たちが日ごろ接している毒物といえば、農薬しかない。私が見つけたのは、農薬によって肝臓が悪くなったサインだったと考えられます。

さて、何度も通ってくれるうちに、みなさんとだんだん仲良くなります。すると農家の人たちは、来るときにお土産を持ってきてくれるようになりました。彼らが畑で作った新鮮な野菜です。そのとき、必ずいい添えてくれた言葉があるのです。

「これは自家用に分けて作ったものだから、〝薬〟は使ってないよ。だから安心して食ってくれ」

つまり、農薬が体に悪いということを、農家のみなさんも経験的にわかっていたのです。だから家族が食べる分は、商品用とは離れた別の畑で作り、自家用のほうには農薬も化学肥料も、絶対に使わないのです。

農業に使われる農薬などの薬物は、建前としては、人体に害がないと科学的に証明されていることになっています。でも私が知る限り、**農家の人たちはみんな、「農薬は体に良くない」という確信を持っています**。なぜなら、こういう〝薬〟を使って体調を崩したという人が、どんな地域にも必ずいるからです。そういう話はすぐに広まりますから、誰もが知っているのです。

さて、ここでちょっと考えてください。自家用の畑には農薬を使わないのだから、農家の人たちは農薬を「体に悪い」と思っているわけです。それなら、商品として出荷する畑の野菜だって、どこかで誰かの口に入るものなのだから控えてよさそうなのに、そちらでは使う。矛盾していますね。なぜ、そんな状態が成立するのでしょう。

私が思うに、こういう矛盾した振る舞いを矛盾と感じることなく成り立たせてしまう〝からくり〟があるのです。そのカギを握っているのが、F1種野菜なのです。

この当時、彼らが商品用の野菜を作っていた畑には、すでにF1種の野菜が植えられていました。**F1種野菜では、サイズや形を規格通りそろえるための〝工程マニュアル〟が事細かに決まっています**。いつ種まきをするかに始まって、肥料をどのくらい与え、農薬はいつどのくらいまき、何日目に収穫というところまで、キッチリと手順が決められている。農家には、種や肥料、農薬などと一緒に、こういう情報も提供されるのです。提供の窓口はたいてい、農協。できた野菜を買い取るのも、農協です。

農家の人は基本的に、このマニュアルにそって野菜を作ります。もちろん人によっては、自分なりの工夫を多少加えていくでしょう。でも、この作物に求められているのは、サイズや納期をそろえること。あくまでも商品なのですから、より高い値で売れるように仕上げるのが最優先です。

味を良くする工夫をしたり、野菜が生命力豊かに育つための手間をかけたりしても、何も評価されません。むしろ、余計なことをして野菜のサイズがばらつきでもしたら、かえって評価を下げてしまう。F1種の野菜作りでは、「○月○日に○サイズの大根

○箱を納品」といった、まるで工業製品の納期のような基準をクリアすることが、まず求められています。それをきちんと達成できる人が「腕のいい農家」なのです。
一方、自家用の畑には当時、在来種の野菜がまだ豊富に残っていました。見た目は不格好だけれど味が良くて、農薬も使っていない。当時のベテラン農家たちはこの畑で、長い経験から身に付けた、うまい野菜を作る技術を発揮していました。売り物にするつもりは初めからないので、できた野菜を子供や孫に送ったり、近所の人たちに配ったりして、「じいちゃんが作るトマトはおいしいね」などといわれるのだけを楽しみにしながら、腕によりをかけて作っていたのです。

同じ「野菜」といいながら、まったく別の扱いをしていることがわかるでしょう。自家用の野菜は、野菜の向こうに食べる人の顔が浮かんで見えている。この野菜を通じて、その人を幸せに、元気にさせてやりたいという思いが、野菜を育てているのです。

でもF１種の野菜は、育てるというより「生産」「納品」「集金」といった言葉が似合うような、ビジネスライクな作業なのです。もちろん、どんな人が食べるのか思い浮かべることもない。だって、誰がどこで買うのかまったくわからないのですから。

ただ、マニュアル通りに作って農協に納め、対価を受け取る。そのための工程マニュアルに「農薬散布」と書いてあった場合、ためらう気持ちはほとんどわかないでしょう。そうなってもまったく不思議はありません。

こんなふうに考えると、野菜の安全を守っていたものは本当のところ何だったのか、鮮明に見えてきます。**安全のための砦《とりで》として機能していたのは、作る農家の人と、食べる人との人間関係**。つまり「人のつながり」です。家族や親戚、友人、近所付き合いといった関係の中で、「あの人の喜ぶ顔が見たい」という思いで作っていれば、農家の人は決して変なものは作らないのです。これは農家に限らず、料理を作るシェフでも、家を建てる大工さんでも一緒。人間として、ごく自然なことですよね。

しかも「変なものは作らない」の中身は、単に農薬を使わないことだけではないでしょう。野菜の生命力を引き出し、元気に育てようとするはずです。「孫に食べさせてやりたい」と思って作る野菜ですから、見た目のサイズをそろえることより、いきいきと元気に育てることのほうが大事だと、自然と思うに違いありません。

優れた農家は、化学肥料漬けのＦ１種野菜がどうしてあんなに早く育つのか、経験的によくわかっています。硝酸態窒素まみれで水膨れした野菜は、見た目こそ立派だけれど決して健康的ではなく、病的なメタボ状態であると見抜いているのです。自家用の畑でわざわざそんな野菜は作りません。

一方、農薬を使うときのマニュアルは、安全を守るものとはいえません。産業としての農業を管理する指針であり、もっと露骨にいえばお金儲けのマニュアルです。

Ｆ１種野菜を扱うとき、農業は必然的に産業化されます。農家の人の頭の中まで産業化するのです。そうなったとき、**大事なのはコストや納期。そして高値で売るための育て方**。ここでは野菜はもはや生き物扱いされませんし、食べる人との人間的なつながりも感じられません。そんな状態が「食の安全」を地に墜としてしまったのです。

「質」より「量」の大量生産方式へ転換

日本でＦ１種の野菜が作られるようになったのは１９５０年代以降。戦後の混乱から立ち直り、一転して高度経済成長へ進み始めたころです。その中心的な牽引力となったのは工業。各地にコンビナートとか工業団地などと呼ばれる工場エリアが建設され、工業製品を作り出しました。国民の所得が一気に増え、テレビ、電気冷蔵庫、洗濯機が三種の神器ともてはやされて各家庭に行き渡っていった、そんな時代です。

工業を支えるには労働力が必要です。しかもできるだけ人件費が安いほうがいい。当時、そういう働き手を供給したのが農村部でした。跡継ぎにならない農家の次男、三男たちが都会へ出ていって、工場などで働きました。中卒で集団就職する農村出身の若者たちは金の卵と呼ばれ、高度経済成長を支えたのです。

この時代の話は、一般には日本の経済成長期における美談として語られています。ただ、農村の側から見ると、別の側面が見えてきます。

農村からは、現金収入を求めて若者が都会へ大量に出ていきました。当然、農業の働き手が一気に減ってしまった。それまでの日本の農業は労働集約型といって、狭い農地にたくさんの人手をかけて収穫を維持する、手間ひまかけた丁寧なやり方だったのですが、働き手が減ってしまってこういうやり方ができなくなったのです。

にもかかわらず、都市の人口増に伴って、出荷しなくてはいけない作物の量がぐんぐん増えた。そして、まるでそのタイミングを見計らったかのように、Ｆ１種と農薬、化学肥料という近代農業にとっての三種の神器が現れたのです。**結局、農家には、作業を省力化するためにＦ１種の種を買い、農薬や化学肥料を使って収穫量を上げるという選択肢しかなかった**のです。

そうやって日本の農業は、経済成長を牽引していた工業と同じような価値観＝大量生産方式へと方向転換しました。「質」よりも「量」が重視されるようになったのです。そうして在来種が隅に追いやられ、農家と消費者の間の「つながり」が崩壊し、安全性よりも効率やコストが優先されるようになりました。

お金を儲けるための農業

私は１９５２年生まれです。子供のころ住んでいた東京の蒲田あたりは、荷車いっぱいに野菜を積んで売りに来る農家のおばちゃんたちがいました。朝に畑で収穫したばかりの野菜を載せて、遠くは千葉方面からもやって来るのです。買うほうもすっかり顔見知りですから、「今日は何がおいしいの?」「今は春キャベツだよ」なんて会話をしながら、買い物をしていたものです。

卸売市場を経由して八百屋で売られる野菜もあります。そこでは八百屋の親父さんが、農家と消費者のつながりを仲介していました。「今日の大根は○○産だからね、あの辺のは身がしっかりしてるから、煮物にするとうまいんだよ」などとうんちくを語りながら、野菜を売っていました。

顔が見える関係の中で、農家の人が「変なものは作れない」と思ったように、八百屋さんだって「変なものは売れない」と思っていたことでしょう。だって売っている本人が市場で仕入れてきたものなのですから、逃げも隠れもできない。お客さんから信頼されるために、必死で目利きを勉強したはずです。

こんな感じの人間関係は、場所にもよるでしょうけれど、1960年代前半ぐらいまではまだ何とか、各地で健在だったように思います。地域の商店街に元気があり、野菜は八百屋、魚は魚屋、豆腐は豆腐屋で買うのが普通だった。電化製品だって、街の電気屋さんで買ったものです。

それが東京オリンピック（64年）、大阪万国博覧会（70年）と時代が進むにつれて、何でもスーパーや量販店で買うほうが普通になっていきました。

確かにスーパーは、１軒あればそこで何でも売っているので、便利です。接客もレジシステムも商店街より洗練されています。でもその「便利さ」「洗練」は、大量生産・大量消費という産業的な価値観と表裏一体。両者はセットで成り立っているのです。そしてその産業的な価値観こそが、在来種を葬り去り、農家と消費者の関係を断ち切った張本人です。

こういう変化は、農業だけに起きたわけではありません。当時の日本は、世を挙げて経済的な成長を追求していました。その過程で、社会の仕組みや価値観が、経済性優先＝平たくいえば「お金を儲ける」ために都合のいい姿へと変質していったのです。そこでは「人のつながり」はむしろ、効率を邪魔する要素でしかなかったのでしょう。

そんな経済至上主義のやり方が何を生んだか。水俣病やイタイイタイ病といった悲惨な公害病は、みなさんもご存じですね。水銀やカドミウムなどの有害物質を含んだ鉱工業廃水が川や海に垂れ流され、恐ろしい集団中毒を引き起こしたのです。

想像してみてください。もし工場を管理していた人が、地域の人たちと個人的な親交があって、お互いの家に行き来して食事したり酒を酌み交わしたりするような間柄だったら、あのような事件は起きたでしょうか？　私は、もしもそういう関係があったら、どこかでブレーキが働いたはずだと思っています。「変なものは作らない」という気持ちを工場側（企業側）が抱いていれば、あんなことにはならなかったと思うのです。でも実際には、公害病が起きた。工場を管理するうえで優先されたのは、コスト。廃水を処理する設備などという、お金ばかりかかって生産性アップに貢献しないものは必要ないと、切り捨てられたわけです。

世の中全体が、効率や利潤を優先する価値観にシフトしていく中で、安全を担保する人のつながりが薄れていった。現代の農業は、製造業などと同じく、そういう産業的な価値観の上に成り立っています。だからＦ１種を使うのです。

Ｆ１種のほうが便利という考えを捨てよう

もしあなたが、「商店街の八百屋さんよりスーパーのほうが何かと便利で買い物しやすい」と感じているとすれば、あなたの心の中には、「在来種よりＦ１種のほうが便利だ」という現代農業の価値観と同じものが宿っています。ということは、在来種が消えて、化学肥料漬けのＦ１種野菜ばかりになってしまった世の中の流れの一翼を、あなた自身も無意識のうちに担っているのです。おわかりいただけるでしょうか？

無論私は、あなたを責めているわけではありません。世の中がこのように変貌した経緯には、戦後日本の政治、経済、教育などさまざまな問題が関わっています。今の若い人は、世の中がすっかり「スーパーのほうが便利」という価値観にシフトしてしまったあとで生まれ育ったわけですから、ある意味ではむしろ、**真っ当な野菜を奪われてしまった被害者**ともいえます。

ただ、この先「本当においしい野菜を残したい」「安全な野菜を取り戻したい」と本気で考えるなら、ここまで変質してしまった世の中をどこかで変えなくてはいけない。誰にできるでしょうか？　政治や産業界には何も期待できません。経済成長が最優先という世の中を作り上げた本人たちですから。消費者であるみなさんが行動するしかないのです。そうしないと、完全にＦ１種野菜しかない世の中になってしまいます。そのためにはまず、みなさんの頭の中にも、〝Ｆ１種のほうが便利〟という考え方が根付いていることを認めていただく必要があるのです。その上で、そこから脱するアクションをしてもらわないといけません。

私には農家の知り合いがたくさんいます。その中には、野菜作りが心底好きで、いい野菜を作りたいと思っている人もいっぱいいるのです。ただ、ほとんどの農家の人は、消費者が何を求めているのかを驚くほど知りません。接点がないのだから、知りようがないのです。だから農協から指示されるままに、農薬と化学肥料を使ってＦ１種野菜を育て、同じサイズにそろえて出荷している。

私が、自家用の畑にあるニンジンを指さして「あれ、うまそうだね」なんていうと、驚くのです。「あんな不格好なもの、人様に出すものじゃない」なんていい出したりする。でも、ここまで読んできたみなさんは、そっちのほうがおいしくて安全に違いないと思っていますよね？　そちらのニンジンが手に入る世の中になるためには、みなさんに、「スーパーで買えば便利」という発想から抜け出していただく必要があるのです。そのことは3章で説明しましょう。

食べることは、生命をいただくこと

「安全」の話はひとまず置いて、次は「社会的な豊かさ」に移りましょう。

子供のころ、親戚が埼玉県の川口市にいて、休みの日などによく遊びに行っていました。その家の周りは畑ばかり。近所の農家のおじさんとも仲良くなって、畑のトマトなどをしょっちゅうもらっていました。

そのころはまだ、農薬や化学肥料をほとんど使っていなかったようです。肥料といえば、肥だめで熟成させた人糞を、時々根元にかけるぐらい。今の感覚でいったら不衛生に思えるかもしれませんが、農薬と比べてどっちが怖いかといわれたら、圧倒的に農薬でしょう。私はそう思います。

だから、トマトを枝からポキッともいで、フッフッと軽くホコリを吹いたら、もうその場で食べていました。おじさんが、そうやって食べればいいと教えてくれたので、その通りにやっていたのです。品種まではわかりませんが、たぶん在来種だったでしょうね。いやぁ、おいしかったですよ。あの味は今でも覚えています。

こんなお話も、農家の人とのつながりを実感できるひとつの例。そして、あんなふうに周りに畑があって、野菜を作っている人たちが身近にいるという環境から、私はじつに多くのことを教えてもらったのです。

かんかん照りの日も、雨の日も、農家の人たちは畑で作業をしていました。雑草を取ったり、水をやったり、肥料を入れたり、畝《うね》を直したり、水路を掃除したり、その他いろいろ……。とにかくいつも畑に行って、野菜の様子を眺めて、こまごまと世話をしていました。そんな姿を視野の片隅で見ていた私は、あの**農家の人たちから、一言でいうなら「命の大切さ」を教えてもらった**のだと思います。

野菜も、畑も、生きています。毎日ながめていると、日に日に茎が伸びて葉が茂り、やがて蔓《つた》から小さな実がぶら下がり、それがぐんぐん大きく育って色づきます。土の色も変わるし、あたりに立ちこめる香りも変化していく。**同じキュウリでも、季節によって微妙に香りが変化**していくのです。

生命ある相手を育てるのだから、手を惜しまないで働く。そして収穫のときは、感謝していただく。言葉としてははっきりといわれたことはありませんが、彼らの姿、振るまいのすべてが、そんなふうに語っていました。

食べることは、生命をいただくこと。そして食べた僕らの体から出る排泄物が、また畑に帰っていく。それを植物が立派な野菜に変えてくれて、また食べる。循環しているわけです。身近なところで営まれていた農業の営みから、自然にそんな感覚を教わったように思います。

野菜も個性があって当然

野菜を生き物として見れば、在来種のように大きさや色、味などにばらつきがあるのは当然のことだと思うのです。公園で見かける猫やハトだって個体ごとに大きさや模様が違うし、性格だって、よく観察してみると、好奇心のあるやつ、攻撃的なやつ、臆病なやつなどとじつにさまざまで、個性的です。そもそも人間だってそうですよね。人によって顔つきや姿勢、性格が違うのは当たり前。いろいろあるから、可能性もいろいろ広がる。それは野菜も同じこと。命の多彩さが、豊かさを支えているのです。

それを、同じサイズ、同じ形の規格に押し込めたのは、野菜を生き物ではなく「製品」と見なしたから。農作物を、まるで工業製品のように扱っているのです。確かに商売上は便利でしょうけれど、そんなふうに扱うことで、「生きているものを食べている」という感覚が欠落していったのではないでしょうか。

もっとも、考えてみれば現代の教育だって、同じように規格化された頭を持つ若者を量産しているともいえます。やれグローバルだ、即戦力だといいながら、やっていることは、テストで正解を答える技術ばかり身に付けた均質な人材育成です。人間をそんなふうに育てておいて、野菜のときだけ「命のありがたみ」なんていっても、話が通じるはずもない。

最近は、**大根に葉っぱがついていることも知らない子供がざらにいる**といいます。

いやそれどころか、大根といえば出来合いのおでんパックに入っている、切って煮込まれたあの姿しか見たことがないなどという話も聞いたことがあります。それでは畑に植わっている大根を見ても、自分が食べているものと同じだと気が付きようがない。土がついている大根を見たら「汚い」としか思えないでしょう。

こういうのは、ただの無知とは次元が違うと思うのです。大根が生き物であるという基本的な感覚が、欠落しているのです。そんなふうに育った子供に「食べ物を大切にしましょう」といって聞かせても、「おでんパックなんて○○円だから安いじゃん」といった反応しかできないのも当然だと思いませんか？

でも、生き物の価値を値段でしか計れないなんて、じつに貧しい発想です。みなさんがもしペットの犬を連れて散歩しているときに、通りすがりの人から「○○犬か、安い犬だな」なんていわれたらどうでしょう。腹が立つのは当然として、ペットを価格でしか見られない心の貧しさに、哀れみさえ感じるんじゃないでしょうか？

その意味で、農業は、「農作物を作る」という産業としての機能だけではなく、「文化的な豊かさ」を支えるという社会的な側面を持っている。私はそう思っています。

これは自分自身の実体験に裏付けられた確信です。暮らしている生活環境に田んぼや畑があって、農家の人がいて、そこで作物を大切に育てている。そんな**命を育む現場に日々接することで、人々の心は自然と豊かになる**のです。

ただ、そんな文化的な豊かさを支えるためには、農業自体が豊かな命を育む営みでなくてはいけません。農薬と化学肥料をバンバン使い、工業製品のように規格化された野菜を量産する農業から、命のありがたさを学べといっても無理ではないでしょうか？　農業がそんな姿になってしまったことで、社会全体も、ものごとを経済的な価値でしか計れない、貧しい姿に変化してしまったように思うのです。

心が貧しい人が食べるもの

最近、ある知人から聞いた話です。彼は40代後半で、子供のころ（おそらく1970年代でしょう）に、新聞のコラムでこんな話を読んだそうです。「最近の子供は、カブトムシをデパートで買っているので、死んで動かなくなったら『電池を換えて』

と持ってくるという。実に嘆かわしい」。

なるほど、40年前にもすでにそんな子供がいたのかと思いました。でも当時はまだ、それが新聞に載るほど困ったこととして取り扱われていたわけです。「こんな子供が増えたらまずい」と大人たちが感じたエピソードだから、コラムニスト氏はこの話題を取り上げたし、新聞もそれを掲載したのでしょう。

今、大根に葉っぱがついていることを知らない子供について、そこまで大変なこととして認識されているかどうか。多くの大人が、単に「知らないなら正解を教えればいい」と思っているのではないでしょうか。でもこれは、算数のテストで計算間違いしたのとはわけが違う。そこに危機感を持たないことが、大変な危機だと思うのです。

もし世の中が、これを一大事だととらえられないようであれば、在来種が消えていくのを止められるはずもないのです。

ここでもう一度、ブリア＝サヴァランの言葉に戻ってみましょう。

Tell me what you eat, and I will tell you who you are.（あなたの食事を教えてごらん。そうしたら、あなたがどんな人かいい当ててみせよう）

何の疑問も抱かずにF1種の野菜を食べている現代の日本人の食事を見て、ブリア＝サヴァランなら私たちをどんな人だというでしょうね。

大きさが不自然なほどにそろっていて、虫食い跡がまったくない現代の野菜は、きっとブリア＝サヴァランの目には不思議なものに見えるに違いありません。もしかすると、パッと見た印象では、野菜の模型か何かだと思うかもしれない。

一切れちぎって口に入れれば、食べられることはわかる。でも味も香りも薄い。それに変なえぐみがある。舌の肥えたブリア＝サヴァランが納得する味だとはとても思えません。そして、「この野菜は種をつけない」という話を聞いたとき、彼が何を思うか。そういう野菜が経済上の理由で作られたと知ったら何と考えるか。

私は、ブリア＝サヴァランは怒りと哀れみが混じった表情を浮かべながら、きっとこんなふうにいうと思うのです。

「これを食べているのは、心が貧しい、かわいそうな人だ」

肥料を使い続けなくてはいけない悪循環

「農業をするうえで最も大切なものは何？」。知り合いの農家の人たちにこう問うと、10人中10人が「土」と答えます。土は畑の命です。

いい土の畑は、歩くだけでわかります。まるで高級なじゅうたんのように、ふかふかしているのです。一歩踏みしめるごとに、ふわっと柔らかく沈む感触がある。そして、何ともいえない清浄な香ばしいにおいがします。土に鼻を押し当てて、ずっとそのまま嗅いでいたいぐらい、心地よい香りです。

こんな土になるのは、土の中にさまざまな生き物たちが棲んでいるから。健康な土1g中（小さじ3分の1程度）には、こんなに多くの生き物が生息しているといわれています。**土は生きている**のです。

ダニ、トビムシ、ミミズなどの小動物　10～15個体
アメーバなどの原生動物　10万個体

藍藻などの藻類　100万個体
放線菌　1000万個体以上
糸状菌　1000万個体以上

これらの**生き物たちが土の中で動き回ることで、土が掘り返されてすき間ができ、ふかふかになります。生き物たちが、耕してくれる**のです。そういう土だと、野菜の根がしっかりと張れる。ストレスなく広い根を張ることで、野菜の中に栄養が行き渡るから、おいしくなるのです。大根やカブ、ニンジンのような根菜は、どんな土で育ったか、見ればすぐにわかります。長くて目の細かいひげ根がみっしりと生えているのは、いい土の畑で育った証拠です。

ところが、化学肥料を使っている畑の土は固く、歩いても沈みません。足がはじき返されるような冷たい感触です。においも消毒薬のような感じがします。そんな固い土では根が張りにくいので、栄養をうまく吸収できない。だから、化学肥料をつぎ込まなくてはいけないのです。自力ではひげ根を伸ばせない野菜に、点滴で栄養を注ぎ込むようなものでしょう。すると、スカスカで筋張った味のしない大根になってしまう。しかも、**化学肥料を入れることで、土壌中の生き物は激減**する。農薬を使えば一層減ります。ますます土が固くなりますから、もっと肥料が必要になる。化学肥料を使った畑では、そういう悪循環が起きています。

一方、生き物であふれているいい土の畑では、まったく別の循環が起きています。ある生き物の糞や死骸を別な生き物が食べ、それがまた別の生き物の餌になり……という食物連鎖のサイクルが回っているのです。

土の大本は岩石です。火山活動や堆積によって作られた岩石が、川の流れに削られたり風雨にさらされて細かくなったりして、砂や粘土になるわけですが、それだけでは野菜（植物）が育つ土壌として未完成。そこに、生き物の働きによって有機物が混ざり込むことで、土が形成されるのです。

土の上に落ちた枯れ葉は、時間が経つと徐々に腐食します。土の中の微生物が葉っぱの素材を分解して、土に取り込んでいるのです。分子レベルまで分解されれば、植物はその成分を栄養として利用できる。虫の死骸も同じで、放っておけばやがて微生物が分解してくれます。ただ虫の場合は、実際には腐食する前にアリなどが拾っていって餌にするほうが多いかもしれません。アリはその死骸を食べて糞を出します。その糞を微生物が分解して、微生物が放出する分解産物を植物が吸収する。そんなふうに循環しているのが、「生きた土」なのです。

F1種の台頭で〝生きた土〟が失われた

かつて在来種が農業の中心だったころの畑では、こんな生き物の循環が活発に起きていました。それが土の力を支え、野菜をおいしく健康に育てていたのです。しかもこの循環は、畑の中だけにとどまりません。近隣の山林ともつながっているのです。

「里山」という言葉をご存じの方も多いと思います。農村などの集落に隣接して、人の手である程度整備されていた山林のことです。農家の人たちはそういう山で、堆肥の原料にする落ち葉や、薪《まき》にするための木の枝を集めたりしていました。さらに、薪材として適したクヌギやナラ、建材用のアカマツなどを植林し、下枝を払ったり、密集している樹木を間伐《かんばつ》したりするようなことも、普通に行っていたといいます。

　山の落ち葉から堆肥を作って畑に入れると、山の微生物も一緒に畑へやってきます。畑は人工的な耕作をする場所ですから、同じような作物を繰り返し栽培すると、土壌の栄養状態や棲んでいる微生物のバランスがどうしても偏りやすい。山の微生物を補充することで、そのバランスを天然の土壌に近い状態に立て直していたのでしょう。

　一方、山の土にとっても、人の手が入ることでいい影響があったといわれています。ある程度間伐をすることで地面に日光が届き、林の中が明るくなって草や低木が茂ることができた。すると、草や低木が根を張るので山の土が流れにくくなります。山崩れのような災害が起きにくいのです。

　そして土が流出しにくい状態の山は、土壌の中に、雨水をしっかりと吸い込むことができます。天然の〝ため池〟として機能するのです。これも自然災害を防ぐのに役立ちます。そこから伏流した水は、表土の有機物や鉱物のミネラルなどを取り込みながら、やがてわき出て流れを作る。これが田んぼや畑に引き込まれて、作物を育てる。水もまた、山と畑の土をつないでいるのです。

昔の農家の人は、こういう自然の循環をきちんと理解していたのだと思います。だから山に手を入れることも、農業の一部として受けとめていた。農家のことを「百姓」とも呼びますね。この言葉は、畑の仕事だけではなく、山仕事、治水、土木など、さまざまな種類の仕事をやっていたから「百」の姓なのだ、と説明されることがあります。語源の解釈として正しいかどうかはわかりませんが、そういいたくなるぐらい、昔の農家の人がいろいろなことをやっていたのは事実。しかもその仕事には、畑の周囲の生態系を多様で豊かな状態に保ち、循環させることまで含まれていた。そのことが、巡り巡って畑の土をも豊かに保ち、おいしくて生命力あふれる野菜を生み出していたのです。

ところが、野菜がF1種中心になり、化学肥料をふんだんに使うことで、この循環が寸断されてしまった。畑から「生きた土」が失われたのはもちろんですが、山の姿も変わってしまいました。間伐や下枝払いの手が入らなくなった里山は、荒れて土砂が流出しやすくなります。すると、それまで生態系を支えていた豊かな山の表土が失われて、植物の育ちが悪くなってしまうのです。

近年、シカやイノシシなどの動物が山を下りて畑を荒らしたり、住宅街にまで入り込んできたりする事件がよく報道されていますね。宅地開発などで彼らの棲めるエリアが狭くなってしまったのが、もちろん根本的な原因でしょうけれど、私はそれだけではないと思っています。**かつては、自然の生態系の一部を農業が支えていた**のです。その農業がおかしくなることで、かろうじて生き残っていた山林の生態系に、今、更なるダメージが加わっているのではないか。その結果、餌が乏しくなった動物たちが、食べものを求めて山を下りてくる。そんなふうに思えて仕方ありません。

カナダの生物学者デヴィッド・スズキは、『いのちの中にある地球　最終講義：持続可能な未来のために』（ＮＨＫ出版）という本の中に、こんな一文を書いています。

「もしも、人類が一夜にして絶滅したなら、世界中の生態系が、その豊かさを回復するだろうといわれています。人間として、これは恥ずかしいことではありませんか。逆に、例えばアリが絶滅したら、地上の生態系は崩壊するだろうというのに」

かの大物理学者アルバート・アインシュタインも、同じような言葉を残しています。

「もしハチが地球上から消滅したら、人間は４年以上生きられないだろう」

アリもハチも、生態系の循環のカギを握っている生き物です。アリは土の上の有機物（虫の死骸など）を消化して、糞の形で土に返しますし、ハチは花粉を運んで植物の実りを助けます。そういう生き物の活動が、野山の草木、さらに土壌中の生物たちの命を支えている。そして、命の宿る「生きた土」が、農業をも支えてきました。さらにいえば、かつては農業における人の営みも、循環の一部を担っていたのです。

そんな循環が、F1種の野菜の台頭とともに寸断され、生きた土が失われてしまった。アインシュタイン流にいうなら、これは人類にとって大きな危機なのです。

輸入堆肥も窒素過多を招く

ここでもう一度、有機農業についてお話ししたいと思います。

有機農業は、農薬や化学肥料を使わないことが条件になっています。そのため「地球に優しい」と形容されることも多いですね。でも、現実の有機農業がやっていることを見ていくと、そう簡単にはいえない面があるのです。

有機農家が使う肥料は、堆肥。これは、落ち葉やおがくず、家畜の糞（鶏糞、牛糞）などを発酵させて作ります。農家が自分で発酵させることもありますが、どちらかといえばこれは少数派でしょう。完成された堆肥として市販されているものがありますので、それを購入する農家が多いのです。

堆肥はたいてい、輸入品です。国内で作られる場合でも、材料として家畜の糞を使っていれば、その大本は家畜が食べた餌。家畜飼料はほとんど輸入品ですから、やはり元をたどれば国外から持ち込んだものです。

こうなると、有機というＪＡＳ規格の基準は満たしていても、農地近辺の自然を循環させていることにはなりませんね。近くの里山の落ち葉で堆肥を作っていれば循環といえますが、海の向こうから飼料や鳥の糞を持ってきても、循環とはいえません。外から一方的に物質を持ち込んでいるわけですから、収支としては〝輸入超過〟です。

すると、畑の土の窒素量が過剰になってしまいます。天然の状態でその土壌を循環していた窒素化合物に加えて、海外から持ち込まれた窒素化合物が散布されるのですから、持ち込まれた分が過剰なのです。これで土壌中の生き物のバランスが崩れてしまう。そこに雨が降れば、過剰な窒素化合物が溶け出して川や海に流れ込み、水中の生態系にも影響を与えます。地下水に流れ込めば、れっきとした汚染です。

もちろん、通常の農業で使われる化学肥料と農薬も、同じような経路で土壌汚染や水質汚染を招きます。有機農業は、農薬を使わない分だけましなのは確か。でも、地球に優しいなどと手放しでは認められない面があるのも、また事実なのです。

日本は、人が食べる肉を輸入し、家畜のための飼料を輸入し、さらに有機肥料の形で家畜の糞も輸入しています。これらはすべて、窒素を含んでいます。輸入された窒素のかなりの部分が、最終的には国内の土壌や水の中に放出されるのですから、**国を挙げて窒素過剰状態**です。もはや国土として、生き物の循環がおかしくなっているといっても過言ではない。こういうのも、「生きた土」が失われていく現象なのです。

除染で表土を剥げば畑でなくなる

さて、今、日本の農地のことを考えるとき、どうしても避けて通れない大問題があります。福島で起きた原子力発電事故です。

東京電力の福島第一原子力発電所から放出された放射性物質は、福島県内はもちろん、東北と関東の広い範囲にばらまかれました。このエリアには、国内有数の農産地帯が多数、含まれています。つまり東日本の食卓を支えてきた農地の相当部分が、放射性物質で汚染されてしまったのです。

私には、福島で農業を営んでいる友人、知人がたくさんいます。親戚もいる。だから、何ベクレル以上は危険だとか、補償をどうするとか、そういう議論に対してはいいたいことがいっぱいあります。でもそれは、ここでは止めておきます。それよりも、ひとつみなさんに知っていただきたい話があるのです。

放射性物質で汚染された土地について、政府もマスメディアも「除染して放射線量さえ下がれば人が戻れる」という認識で見ているようです。そんなにうまく放射性物質が除去できるのかということ自体、大いに疑問ですが、百歩、千歩譲って、線量カウンターの数値がうまく下がったとしましょう。その場合、工業エリアやビジネスエリアならば、活動を再開できるかもしれません。

でも、農地はそうはいかないのです。というのも、露出した土を除染するには、表面の土壌を取り除く（または深い場所の土と入れ替える）ことになるからです。

ここまで説明してきたように、**畑の表面にある土は、畑の命**です。そこに無数の小さな生き物たちが棲みついている。その生き物の活動が、作物を支えているのです。だから良心的な農家ほど、長年にわたって、畑の土を丹精込めて育ててきたはずです。その土を5cmでも取り除いてしまうと、それはもう畑ではなくなります。仮にそれで放射線量が下がったとしても、農地としては機能しません。

さらに、畑の背後には広大な山林が控えています。福島県は、土地の70%が山林なのです。そして山林と農地は、生き物や自然の循環でつながっています。だから水や土が山から田畑に入ってくるし、アリやハチはその間を自由に行き来します。

広大な山林を、どうやって除染する気でしょうか。もし本気でできると考えているなら、頭がどうかしているとしか思えない。そして山林の除染までは難しいと考えるのであれば、その山林のふもとの農地は、どうやっても放射性物質が循環することになるでしょう。そんな状況で、食べ物を作れますか？

つまり、私が言いたいのはこういうことです。今回の震災によって、東日本の広大な農地が、もはや農地として使えなくなってしまった。田畑を大事に育ててきた人には本当に気の毒だけれども、そのことを私たちは受け入れざるを得ないし、それを前提に、何とかする方法を考えなくてはいけない。

じゃあどうしたらいいのか。私の考えでは、この難題を解くカギは、この本のメインテーマである「真っ当な野菜」を取り戻すことと、つながっていると思うのです。世の中から「真っ当な野菜」を失わないためにやるべきことをする中で、失われた農地の問題にも解決の道が開けるのです。このことは3章で説明いたします。

日本の農村風景は循環の証

私は今、岐阜県の大垣市に住んでいます。そこからさほど遠くない恵那《えな》市に、「農村景観日本一の風景」と呼ばれる場所があります。高台の展望台から見通せる盆地に、見事な田んぼが広がり、うねった細いあぜ道が走り、白壁の農家が点々と立っている。

夏と秋は虫やカエルの歌が響きます。冬には雪化粧することもある。何度か出かけてみましたが、どの季節に出向いても、じつにホッとする、いい場所です。「あーこの国に生まれてよかったなぁー」なんていう言葉が、自然にもれてきます。

ただ考えてみれば、ここから見える景色には、特別なものは何もありません。史跡でもなければ、テーマパークとして設計されたわけでもない。ただ、田んぼと一緒に人々が生活している、それだけです。その結果として、この景観が保たれているわけです。その景色が、ここまで心に染みる。それが、すごいことだと思うのです。

農業という営みは、農家の人のためだけにあるのではありません。全国民のためにあるのです。しかも、単に食料を供給するだけでもない。こういう景観を作り、そこで人の心を癒し、育てることができる。それがすごい。

ここでいう「景観」は、見かけの風景だけの話ではありません。土、水、そこで暮らす生き物たちの生活が循環し、円滑に営まれる環境全体まで含んでいるのです。農家の人たちは、高台からのながめを守るために働いているわけではありません。ここは農家としての、彼らの生活の場であり、仕事場です。彼らは作物を育てるために必

農村地帯の景観として日本一と評される岐阜県恵那市岩村町富田地区。展望台からは瓦と白壁の農家や土蔵が点在する田園地帯が見渡せる。

要だから、土を育て、山に手を入れて環境の循環を保ってきた。

そんなふうにして培われてきた風景が、結果として、私たちの心をこんなに癒し、揺さぶるのです。それが、すごいことだと思うのです。

農業を産業という側面だけからとらえると、農家が農作物を売ってお金を儲ける活動ということになります。そういう見方では、総生産高がＧＤＰにどれだけ貢献したかというような評価にしかなりません。だったら農業より製造業のほうが儲かるし、効率がいい、といった議論になってしまいますね。

でもこういう景観には、値段はつけられません。こういう環境で育った人が心豊かに成長していくことは、金銭に置き換えて評価できないし、して欲しくもない。さらに、ここで循環している生き物たちの営みも、商品として売れるわけではない。でも、そういうものが私たちにとってかけがえのない価値を持っていることは、認めていただけると思うのです。

在来種を絶やさないために

しかし残念なことに、今の時代においてそういう価値は、経済価値と比べると、まともに評価されているとはいい難い。多くの人が、素朴な気持ちとしては「そうだね、そういうことも大事だよね」と一応思いますが、実際の世の中の動きは経済価値のほうが圧倒的に優先されています。そのためかつては当たり前だったこういう景観が、どんどん消えてしまいました。農地が、宅地や商業地へ転用され、この**「農村景観日本一の風景」と同じような景観だった場所が、住宅街やショッピングセンターになってしまった**。恵那市のこの地からさほど遠くないあたりにも、以前はきれいな棚田だったであろうところに開発された住宅地が、たくさんあります。

そういう世の中になってしまったことと、農業がＦ１種ばかりになったことは、完全にリンクしているのです。Ｆ１種の野菜を「変なもの」だとは感じず、むしろ「便利」だと受け入れるような価値観に私たち自身が染まってしまったから、農業も、世の中も、こんなふうになってしまいました。

正直にいって私も、今からすべての野菜が在来種に戻るような時代が来るとは思っていません。でも、せめて在来種が消えてしまうことは避けたいのです。それは、「おいしい野菜を食べたい」という願いであると同時に、私たちがみんな心の中に持っているはずの、在来種的な価値を大切に思う気持ちを見失いたくないという意味でもあります。

２０１１年の震災のあと、そういう気持ちを抱いた人は多かったと思います。経済一辺倒、産業優先で突っ走ってきた社会の中に、考えられないようなリスクが内包されていたことが、原発事故という衝撃的な形で明らかになった。こんな世の中でいいのか、こんなふうに生きていくことが本当に幸せなのか？と、多くの人が考えたはずです。

同じ構造の問題が、私たちの食べ物、そして食を支える農業の分野にも潜んでいるのです。このままでいいとは、私にはまったく思えない。この気持ちも、多くの方に共感していただけると思うのですよ。そうであれば、そういう気持ちを漠然と抱いているだけではなく、具体的な形として表現することが大事だと思うのですね。

では実際、どんなことをしていけばいいのでしょう。それを考えるうえで、次の章では、農業がこんなふうに変貌していった歴史や、農地を管理する制度の実態についてもう少し詳しくお話しします。農業が置かれている現実を知ることで、私たちに何ができるかも、見えてくると思うからです。

野菜の危ない話②

虫も食わない青じそ

現在の農家で、農協に作物を出荷している場合は、基本的に単一作物、つまりキュウリならキュウリ、キャベツならキャベツ、トマトならトマトをというように、ひとつの作物を繰り返し繰り返し作り続けています。そうなると、連作障害といって、同じ作物ばかりを作り続けるために起こる、困った現象もあるのですが、それを防ぐために農薬を使わなければならなくなったりします。

また、もともとそれほど強くない作物というのもあり、その作物を守るために大量の農薬をかけることになります。それによって体を壊してしまう農家の方も多いというのが現状なのです。そういう作物の代表が大葉、つまり青じそです。

プランターなどで、または自家菜園で青じそを育てた経験がある方は、たぶんご存じだと思いますが、青じそは葉っぱが大きくなってくると虫に食われます。おいしそうになってきたな、あと数日で葉っぱもぐっと大きくなってくるだろうな、そうしたら食べられるぞ、なんて思っていると翌日には虫が葉っぱを食い荒らしたりしています。それでも、家庭で食べるのであれば問題ありませんよね。虫が食ったところはちぎって食べればいいんですから。

でも、商品となったらどうでしょう。居酒屋で刺身のツマとして出てきた青じそが虫食いだったら文句のひとつも言いたくなりませんか？　スーパーの野菜売り場に置いてある青じそが虫が食った後の穴だらけだったら買い物カゴに入れないんじゃないでしょうか。自分で青じそを育てた経験があって、虫がつきやすいことを知っている人でもクレームをつけたくなると思います。もちろん、そんなことは農協の人も、農家の人もちゃんと知っています。だから、居酒屋で出てくる青じそも、スーパーの棚に並んでいる青じそも虫なんか食っていないでしょう。何枚も何枚も重なっていますが、中のほうの青じそは虫食いだったなんてこともないと思います。なぜかというと、虫に食われないためにとても強力な農薬を何度も何度もかけているからです。

これは知り合いの農家さんが言った言葉ですが「売っている大葉だけはぜったいに食べるな」。農家さんが悪いのではありません。スーパーが悪いのでもありません。

いわんや、居酒屋に責任なんてありません。責任があるのは、私たち消費者です。真っ当な野菜がどういうものか、それに関心を持たず、見てくればかり気にして野菜を買おうとしてきた私たち消費者の責任が大きいと思います。

これからの新しい時代に向かって、私たち消費者が大きく視点を変えるべきときに来ているのだと思います。価値観といってもいいかもしれない。そのための身近な指標のひとつは、野菜のクオリティでしょう。多くの人が「真っ当な野菜」を求める時代になるといいな、と思います。

第3章

真っ当な農家が減った理由

「転用期待」

「農家の人」というと、みなさんはどんなイメージを抱きますか？　実直で、働きもので、金儲けにはあまり興味がなく、流行に疎くて、ちょっと口下手だけど、親切であったかい。たぶんそんなイメージが典型的でしょうか。

はっきりいいますが、それは幻想です。私には、農業をやっている友人、知人がたくさんいますが、そんなステレオタイプな人ばかりじゃない。まあ、そんな感じの人ももちろんいますが、そうじゃない人もいっぱいいます。知的で弁が立つ人もいれば、金勘定に目ざとい人もいる。私以上におしゃべりな人も、たくさんいます。

考えてみれば当たり前のことです。人の集団である以上、農家にも、いろいろな人がいて当然です。

ただ、それが性格や趣味の話であればどうということもないのですが、こと「農業に取り組む姿勢」においては、あまりぶれないで欲しいと思うのが正直なところです。性格はどんなふうでもいいけれど、農業と向き合う気持ちは、誠実であって欲しい。

何しろ、私たちの食べ物を作る仕事なのですから。

　でも、ここではっきりいいますと、残念ながらみんなが誠実に農業をやっているわけではありません。とりたてて意欲もないし、農業を愛する気持ちも特に持っていない。かといって農業をやめるわけでもない（少なくとも建前上は）。そんな人が、じつはかなりたくさんいるのです。私の実感では、心から農業を愛してやっている人よりも、こういう半端な動機の人のほうがはるかに多いのです。

　そういう人は、なぜ農業を続けているのでしょうか？　農業分野には、そんな宙ぶらりんな状況の農家を指す専門用語があります。「転用期待」という言葉です。

　ここでいう転用とは、農地を、農業以外の用途の土地へ転換すること。具体的には、ショッピングセンターや公共施設などを建てたり、宅地開発で住宅地になるようなことを指します。自分の農地が、そういうふうに転用されることを期待しているから、「転用期待」と呼ぶのです。

　確かに、そんな期待を抱いている人が、農業を愛して、真剣に取り組むとは考えにくいです。でも、そんな期待をしているのだったら、中途半端に農業を続けていないで、さっさと土地を売ればいいんじゃない？と普通は思いますよね。ところが農地の場合、さまざまな歴史的経緯と制度の問題があって、そう単純にはいかないのです。順に説明しましょう。

戦後の遺物「農地法」が生む矛盾

日本の国土の中で、農地は特別な扱いをされています。「農地法」という法律の第1条に、その目的が記されています。ちょっと長いですが、引用してみましょう。

第一条（目的） この法律は、国内の農業生産の基盤である農地が現在及び将来における国民のための限られた資源であり、かつ、地域における貴重な資源であることにかんがみ、耕作者自らによる農地の所有が果たしてきている重要な役割も踏まえつつ、農地を農地以外のものにすることを規制するとともに、農地を効率的に利用する耕作者による地域との調和に配慮した農地についての権利の取得を促進し、及び農地の利用関係を調整し、並びに農地の農業上の利用を確保するための措置を講ずることにより、耕作者の地位の安定と国内の農業生産の増大を図り、もつて国民に対する食料の安定供給の確保に資することを目的とする。

かなりいかめしくて難解な表現ですが、要はこういうことです。

「農地は、国民のための限られた資源だから、好き勝手にされては困る。この法律で土地の所有者（農家の人）の権利関係やらなんやらはきちんと面倒を見てあげるから、食料の安定供給に尽くしてください」

この精神のもと、**農地は、農地以外の目的に転用されることを、「建前上は」厳しく制限されています**。農家の人が土地を勝手に売り飛ばして、結果として農業生産が落ち込んでは困るので、いろいろな制約を付けたのです。その代わり、例えば土地にかかる税率などは低く抑えられています。

この法律が制定されたのは１９５２年。まだ戦後間もない時期で、私が生まれた年でもあります。当時、戦後の混乱と貧困の中で、食料確保は国家的な重要課題でした。

だから、農業にたずさわる人が安心して取り組めるようにさまざまな環境を整える必要があったわけです。

また、この時点の日本は敗戦国としてアメリカを中心とする連合国の支配を受け、連合国軍最高司令官総司令部（ＧＨＱ）が国の政策に指示を出していました。そこで重視された課題のひとつが「地主制度の解体」でした。戦前の日本の農業は、少数の地主が土地を所有し、小作人を使って仕事をさせるスタイルでしたが、地主は財閥と並んで、日本の帝国主義を支えた勢力と見なされていましたから、ＧＨＱはこれを解体したいと思っていたのです。そのうえ、土地を持たない小作人は、戦後に勢力を伸ばしていた共産主義思想の受け皿になりつつあったので、彼らに土地を持たせることで、農家が共産主義の温床になることを防ぎたい意図もあったといわれています。

いずれにせよ、ＧＨＱと政府の思惑は、「地主から土地を取り上げて小作人に与える」という方針で一致していました。そこでまず行われたのが「農地改革」。国が、地主から土地を強制的に安く買い上げて、小作人に安く売ったのです。

ただ、多少の土地を持ったからといって旧小作人の生活が一気に安定したわけではありません。不作の年でもあれば、農民たちは土地を売って急場をしのごうと考えるかもしれない。もし農地以外の用途で転売されれば、食料供給がおぼつかなくなる。だから農地改革の仕上げとして「農地法」が制定されました。これで、生活のための環境は整備してあげるから、土地を手放してはいけない、農業に邁進しなさい、ということになったわけです。

こんなふうに説明されれば、歴史的なお話としては、まあ、なるほどと思います。ただ、それからもう60年も経っているのです。今の日本にはもはや、戦後の焼け野原の面影などどこにもない。なのに法律は、多少の改正があったとはいえ、基本的には同じものがそのまま残っています。現実との矛盾が起きないわけがないのです。

農地転用が可能になる仕組み

農地法の基本姿勢は「耕作者主義」といって、その農地で耕作をする人がその土地を所有するという考え方に基づいています。幾度かの法律の改正によってある程度の例外は認められるようになりましたが、全体を貫く基本的な考えは変わっていません。

これは元々、自分で働きもしない大地主が土地を占有するのを防ぐ意図があったのでしょう。農地所有に条件をつけることで、今農地を持っている人（旧小作人）を保護しようという意図です。しかし現代では、この規制が足かせとなって、意欲のある個人や企業が農業へ参入したり、大規模化したい農家が周辺の農地を買い上げたり借り受けることの妨げになっています。地価が大幅に値上がりしたことも併せて、**農地を新たに取得するのが、あまりにも困難**なのです。

逆にいうと、「耕作者主義」は現代において、農地を持っている人に大きな利権（の可能性）をもたらしている、ともいえます。農地という権利の所有にいろいろと条件が付けられている中で、何としてもその土地を欲しいという人が現れた場合には、今持っている人に有利なように話が進むのは当然ですよね。

では、「何としてもその土地を欲しい人」とはどんな人なのか。じつはたいていの場合、そんなふうに現れるのは、農業をやりたい人ではないのです。ショッピングセンターを建てたり、宅地開発をしたいと目論んでいたりする人々が、農地取得を希望するのです。つまり「転用」です。

転用は、土地を持っている農家にとってはじつにおいしい話です。自分の土地を手放す場合、農地として売るのと、ショッピングセンター用地として売るのと、どちらが高い値がつくか。いうまでもなく、圧倒的にショッピングセンターです。だから、農業をやりたい個人などには土地を渡したくない。売るのはもちろんダメだし、貸すのだっていやだ。だって一度貸してしまったあとにショッピングセンターの話が浮上しても、農地として貸していると簡単に売り払えない可能性があります。だから、いつかおいしい話が来るかもしれないという期待を込めて、土地を手放さないのです。これが「転用期待」です。

でも、転用は厳しく制限されているはずでしたね？　そこは問題ないのでしょうか。実際に農地を売りたい、買いたいという話になった場合には、市町村ごとに置かれている「農業委員会」という組織がその成否を判定します。そのメンバーは地元の農家から選ばれます。委員会の農家が合意しなければ、転用は成立しません。現実には、そのエリアの農協の幹部が、委員として名を連ねることが多いといわれています。

この仕組みも元々は、地元の農家（旧小作人）を目付け役にしておけば、安易な転用を防げるという意図で作られた制度だったのかもしれない。ところが現在、この仕組みがどんなふうに機能しているか。仮に、ショッピングセンター建設の話が浮上したとします。土地所有者が話に乗りたいのは当然ですが、委員会のメンバーも近隣に農地を持っている農家ですから、この話を通すことで、自分の土地の転用も現実味を帯びてくるわけです。地域の再開発計画のような、まとまった土地を高額で引き取る話ほど、むしろ積極的に認めたいと考える側に回りやすい。

ということは、農業委員会という仕組みは、委員会の人々にも大きな利権をもたらしていることになります。彼らの合意なくしては土地が動かないから、当然ですね。

こうして、農地法の冒頭で高らかに謳い上げられた「国民のための限られた資源であり、かつ、地域における貴重な資源」という思想とは正反対に、農地は、所有者とその地域の農業リーダーたちの〝利権のタネ〟に成り下がってしまいました。皮肉なことに、転用を制限するはずだった農地法が、転用に伴う利権をしっかりと守っているのです。

国内の耕作放棄地は岡山県の面積以上

現在、日本の農家の大半は、兼業農家。つまり平日は会社などで働いて、土日や休日だけ農業をやっています。ひどい場合は、夏休みだけ耕作する〝農家〟もいるという。「そんなことができるの？」と思うかもしれませんが、Ｆ１種野菜なら可能です。化学肥料をふんだんに与えればすくすく育ってすぐに出荷できるし、育て方はすべて、農協のマニュアルが教えてくれます。

農協は、Ｆ１種野菜の農業を支える大きな存在です。種の販売、作物の集荷、農薬や化学肥料の販売、農機具の販売やリース、ハウスなどの機材の調達、そしてお金の融資までするのですから至れり尽くせりです。「サイズを均質にそろえて商品価値を高める」という方針の指導をしているのも、農協です。

農協にとって、転用はどんな意味があるでしょう。農業協同組合という本来の趣旨からいえば、農業をする人を守る組織ですから農業以外への転用に反対するのが当然なように思えますが、現実には農協幹部たちが農業委員会のメンバーとなって、転用をむしろ推進する側に回っています。というのも、農協の経営実態は、ほとんど金融機関。組合員相手の預貯金や融資などでお金を回すのが、主要な財源です。だから組合員である農地所有者のふところに大金が転がり込むのは、大歓迎なのです。

そして農協は、政治団体としての性格も持っています。多数の農家を従えることで、選挙の票を握っているのですから、これも当然ですね。すると、地元選出の議員を動かして、地域に道路を通したり、鉄道の駅を造ったりという活動ができる。こういうことが実現すれば、ショッピングセンター建設のようなプランが浮上する可能性も高くなります。ますます転用への期待が膨らむことになります。

そんな農協に指導されて、転用を期待する農家は片手間農作を続けます。こういう農家にとって農地は、いつか大金をもたらすかもしれない、宝くじのようなもの。ただし建前上、農地は「農業をやっている土地」でなければいけないので、何らかの耕作をしていなくては転用の候補地としての正当性が揺らぎかねません。**転用を夢見ながらアリバイのように耕作をする**なら、F1種野菜はじつにありがたい存在でしょう。

ただ、兼業の片手間仕事でカバーできる耕作面積には、やはり限界があります。手に余る場合は、一部が休耕地になるでしょう。耕作されない状態が恒常的になれば、耕作放棄地と呼ばれます。

１９６０年、日本には６０７万ヘクタールの農地がありました。それが２０１４年には、４５２万ヘクタールまで減少したそうです。しかもこの間、１００万ヘクタール以上の新しい農地を、公共事業として新たに造成しているのですよ。なのに、それを上回る転用と休耕、耕作放棄があったため、こんなに減ってしまったのです。

ただでさえ、国内の農業従事者は高齢化が進んでいます。専業農家として頑張ってきたケースでも、高齢になった農家の後継者が見つからずに耕作放棄となってしまうことも多い。それに加えて転用期待農家がいるのです。ある見積もりでは、国内の耕作放棄地の合計は、岡山県の面積を上回るといわれています。つい先頃までは埼玉県の面積に匹敵すると言われていたのですが、ここ数年で耕作放棄地はさらに広がりました。この数字ひとつを見ても、日本の農業がいかに衰退しているか、おわかりいただけると思います。

農地法が現在の形で運用されている限り、転用期待農家が抱えている農地は、農地としてまともに活用されません。中途半端に耕作されるか、耕作されなくなるか、農地以外に転用されるか。いずれにしても、やる気のある農家（ないし農業志望者）のもとでその土地が存分に活用される可能性は、きわめて低いのです。

日本の農業はどこへ向かう？

これが、現代の農業が抱える暗部です。結局、本気で農業の未来のことを考えてビジョンを描く人が、どこにもいないのです。あるいは、国民が将来にわたって何を食べていけばいいのかというビジョンも、ろくに検討されていない。

本来は、政治の仕事です。でも、農業のビジョンを描いても票にならなければ、政治家はそんなことをするはずがありません。本来、農協は農家を束ねる組織として、日本の農業の未来を見据えて活動すべきですが、こつこつと農業支援をするよりもショッピングセンターを誘致したほうが、自分たちも会員も潤うという現実が目の前にあれば、そちらになびくのも当然といえます。だからみんな結局、いかに自分の利権を増やし、金を引っ張ってくるか、それればかり考えるようになってしまったのです。

もちろんこんな環境の中でも、まじめに農業に取り組んで、いい野菜を作ろうと頑張っている農家はいますよ。各地の農協の中にも、ごくごくまれに、そんなふうに頑張っているところがないわけではない。でも、政治も行政も、そういう人たちをほとんど支援していない。そんな孤立無援の状態で、経済的にもギリギリな中、個人の信念だけで続けるのがいかに大変なことか。

有機農業を例にとってお話ししましょうか。ここまでこの本では、有機農業の現状が抱える問題点ばかり指摘してきましたが、農薬と化学肥料をバンバン使う普通の農法と比べたら、有機農法のほうが、安全で質の高い野菜を作れる可能性が高いのは間違いありません。健全な環境作りに貢献する可能性も高い。だから、取り組む農家をサポートする体制がある程度充実してくれば、有機農業を目指す農家は今よりずっと増えるだろうし、その中からやがて、質の高い野菜を作る農家も出てくるに違いない。それは消費者にとっても、大きな流れとしては歓迎すべき方向です。

でも**現在、有機農業を志す農家は、何のサポートも受けられません**。助成金もないし、技術指導もろくに確立されていない。それどころか、ヘタに目立つ動きをしたら、地元の農協からそっぽを向かれる可能性さえある。だって、有機農家は農薬や化学肥料を買わないのですから、それで商売をしている農協にとっては、助ける意味がありません。でも今の日本で、もし農協のサポートを失ったら、有機農家が農業を続けることは非常に困難になります。融資などの窓口は事実上、農協しかないし、種を買うのも、ハウスを建てるのも、農協がすべてを取り仕切っているのですから。

ＥＵ諸国には、有機農業に転換しようとする農家や、有機農業を継続しようとする農家に対して補助金を支給する制度があります。その結果、２００１年の実績で、有機農地には１ヘクタール当たり平均１８３〜１８６ユーロ（約２万円）が支払われたそうです。

しかも、こういう制度を設けた理由として、「有機農業は環境汚染の軽減、生物多様性の向上、農村景観の保全などの重要な便益（多面的機能）を社会に提供している」と、農作物を作る以外の社会的機能を高く評価しているのです。農業政策に、すじの通ったビジョンを感じますね。こんなふうに認めてもらえれば、農家もやりがいがあるでしょう。

対して日本はどうか。２００６年に、「有機農業推進法」という法律が成立しました。冒頭に「有機農業の発展を図ることを目的とする」と謳うなど、理念は良いとしても、内容が何もありません。努力目標ばかり並んで、実効的な要素はまったく認められない。そもそもこの法律と、有機ＪＡＳの表示の条件などを定めた法律の間では、「有機」という言葉の定義が異なっていて、整合性がまったくとれていません。現場の混乱を増やすだけの無用の長物です。この法律ひとつとっても、日本の将来の農業をどういう形にしたいのか、何のビジョンも伝わってきません。

私は、**農業は国の根幹**だと思っています。ひとりの人間にとって「食べること」が生存のための一番の基本であるように、ひとつの国にとっては、食料を作ることが一番の基本。そこが安定して初めて、それ以外の産業も安定的に成り立つのです。

昔、税を米で納めていた時代には、誰もが自然にそういう感覚を持っていただろうと思います。貨幣経済も並行して存在していましたが、国を成り立たせる基本は米、つまり食べ物だということが、実体として見えていたのです。

明治以降、社会が近代化するとともに、食の存在感が徐々に弱まって、代わりにお金中心の価値観が、少しずつ世の中を支配するようになっていきました。それでも農業自体は、命を育てる営みとして成立していた。その存在が一種の社会的な〝安全弁〟として働き、人々の感性や価値観のバランスをとっていたのだろうと思います。

それが今や、農業自体もお金中心で営まれるようになってしまった。安全弁を失ったこの国は、果たしてどこへ向かうのでしょうか。

農業参入へのハードルを下げるべき

話がずいぶん大きくなってしまいました。でもそれも、仕方のないことです。私たちが取り戻したいのは、おいしい「在来種の野菜」。そのためには、日本の農業、いや日本の国から失われたものを、さかのぼって立て直す必要があるのです。

では、失われたものとは何だったでしょうか。2章で、「食の安全」「人のつながり」「社会的な豊かさ」「生きた土」という4つのポイントにまとめて説明しました。

その根底にあったのは、農業の産業化、社会全体の産業化、そして私たち自身の頭の中の産業化。つまり「お金さえ儲かればいい」という発想です。そういう考え方が端的に現れたのが、転用期待という問題だといえるでしょう。

ただ、もしかすると２０１１年の震災を契機に、農地の問題は少しいい方向へ変化するかもしれない。わずかではありますが、そんな兆しも感じられます。

福島県を中心とする放射性物質が飛び散ったエリアでは、広大な農地が、もはや農地として使えなくなったとお話ししましたね。大量の農家が生活の糧を失ってしまったわけです。農家の人たちの無念さは察するに余りありますが、こういう農家に対して、各地から、耕作放棄状態にある農地を貸し出し、そこに移り住んで農業をやってもらおうという動きが出てきているのです。

無論、慣れ親しんだ地を離れ、新天地へ移転するのは、大変な覚悟が必要なこと。それぞれの立場や事情もあり、簡単な選択ではありません。ただ、そういった困難を超えて移住が実現されれば、それは被災した農家の支援という本来の目的にとどまらず、もしかしたら、閉塞し切った日本の農地問題が変わっていくひとつの糸口になるかもしれません。

何しろ現状では、全国の耕作放棄地がどこにどれだけあるか、正確な把握さえできていないのです。受け入れ態勢を整える中で、現状が明らかになるだけでも意味があるでしょう。そしてこの移住が、耕作放棄地を活用する新しいやり方の前例となれば、いずれは被災した農家以外にまで運用される道が広がることも考えられます。

そもそも私は、耕作放棄地も含めて、もっと農地が流動的に活用されるべきだと思っています。土地所有者以外の耕作が事実上締め出されている現状は、転用や耕作放棄を増やすばかり。農業をやりたいという意欲を持つ個人や組織が参入しやすいように、もっとハードルを下げるべきなのです。

考えてみてください。農地を借りて農業をしようと考える人は、少なくとも「転用期待」とは無縁のはずです。その農地は貸主のものですから、万が一ショッピングセンター用地として転用される話が持ち上がっても、自分が大金を得るわけではありません。農地を所有することより、農地で作物を作ることに意欲を持っているから、借りるのです。そういう人が取り組むほうが、土の大切さや、作物の命を育てることの意味に関して、より質の高い農業が行われる可能性があると思いませんか？　そうなってくれれば、そこでは、失われた４つの要素のうち「生きた土」「社会的な豊かさ」あたりに関して、ある程度取り戻せるかもしれないのです。

さて、土地制度の話はこのくらいにして、ここからは消費者の立場から何ができるかを考えることにしましょう。４つの要素で、あと何が残っていたでしょうか？「人のつながり」と「食の安全」ですね。このうち「食の安全」は、人のつながりによって自然に達成されると考えると、カギを握っているのは「人のつながり」です。

私が、大垣を拠点にしてスタートさせた活動は、正にそういうつながり作りを目指しています。野菜を大切に育てている農家を、消費者と結びつけ、作物を買ってもらって、「おいしい！」という反応を伝える。頑張っている農家の人たちを経済的にも、精神的にも、サポートするネットワークを作りたいのです。

そんなネットワークが実現できれば、「真っ当な野菜」＝在来種を残していくことも、きっとできるに違いないのです。そこに、みなさんにも取り組んでいただきたいことがあります。次の章はこのお話をしましょう。

野菜の危ない話③

行方知れずの輸入野菜

農林水産省のデータによると、2013年度の日本の野菜の自給率（概算）は79%。1965年は100%だったものが、約50年のうちにここまで下がってしまいました。一方で、それを補うように野菜の輸入量が増えているということをご存じでしょうか。そのうち約60%は中国からで、年間138万トンもの野菜が輸入されていて（2012年度）、うち約2割がたまねぎ、ねぎ、にんにく、にんじん、しょうがなどの生鮮野菜です。中国の野菜がすべて危ないというわけではないでしょうが、土壌汚染や残留農薬など大きな問題があるのは事実です。

でも皆さん、ちょっと考えてみてください。皆さんがスーパーマーケットに行ったとき、または、ずいぶんと少なくはなりましたが町の八百屋さんで買い物をするとき、中国産と書かれた野菜を目にしたことがありますか？　おそらくないだろうと思います。中国産の野菜が小売りされていないとしたら、どこに行っているのでしょうか？

たぶん、もうおわかりですね。輸入野菜の家庭消費はたった５％で、残りは外食産業と、冷凍食品やレトルト食品などの加工食品に姿を変えて、皆さんのおうちの食卓に上がっているのです。

輸入されているのは生鮮野菜だけではありません。２００７、２００８年には段ボール肉まんや冷凍餃子による健康被害事件の影響で中国からの食品輸入量は減少したものの、２００９年以降、再び冷凍をはじめとする加工野菜の輸入量が増えています。これらも飲食店や加工・業務用食材取扱業者で使われていることはいうまでもありません。ひとえに、国内産のものよりも安価だからです。

外食産業は売り上げを上げるためにも必死ですが、同じくらい原価を下げることにも一生懸命なのです。おかげで皆さんは、安く外食ができたり、コンビニのお弁当を安く買えたりするのですが、これがほんとうに安いのかどうかは、わかりませんね。その劣悪な食材のために、皆さんが病気になっているとしたら、外食やコンビニ弁当は決して安いものではなくなります。

第４章　真っ当な野菜を取り戻すために

小規模であることに意味がある

私が、移り住む先として大垣を選んだのは、大きく3つの理由がありました。ひとつはもちろん場所。福島の原発事故現場から遠く離れているため、放射性物質の影響が小さいでしょう。2番目は、この周辺は開放的な土地柄で、外部から移り住む人を受け入れる土壌があること。そして最後に、このあたりは元々、有機農法や自然農法に取り組む農家が多いこと。農薬や化学肥料に頼らない農業技術の開発も盛んに行われています。

まず考えたのは、ここを拠点に、野菜の宅配システムをスタートさせることでした。農薬や化学肥料を使わずに栽培された農作物を集め、購入希望者を募って宅配便で送るシステム。その中で、「人のつながり」を築いていくのが狙いです。

野菜の宅配ビジネス自体は、今や珍しいものではありません。多くの企業が取り組んでいるし、生協も長年、個人宅配をやっています。みなさんの中にも、こういったサービスを利用している人がいらっしゃると思います。仕組みとしては、これらの先行サービスとそう違うものではありません。

ただ、私が重視しているのは、顔が見える関係。ですからまずは、私との個人的な信頼関係をベースに買ってもらうことが重要なのです。「キヨさんが薦めるんだったら、おいしくて体にいい野菜だろうな、わかった、来週から送ってちょうだい」という気持ちになってくれるような人を募りたい。

そういう関係であるためには、なるべく小規模のほうがいいのです。メドとしてはまず１００人ぐらいという当たりをつけました。私を信頼して、私が取りそろえる野菜ならお金を出そうといってくれる人たちをメンバーとして想定したとき、おいしいもの好きの友人たちや、レストラン時代からのサポーターの顔を思い浮かべて、たぶん１００人ぐらいは手を挙げてくれるだろう、と思ったわけです。

通常、こういうビジネスを設計するときは、まず収支の計算をします。野菜の原価がいくら、集荷にかかる費用はいくら、配送料はいくら……。そこに利益分を乗せて、割のあう規模を設定します。例えば、パッケージの単価を○○円にした場合、顧客が５００人を超えれば黒字になる、などと計算する。普通は、規模が大きくなるほど利益を出しやすいでしょう。私もかつてレストラン経営をやっていましたから、それぐらいの計算は、その気になればできるのですよ（笑）。

でも、計算から始めるのでは、この本でここまでさんざんやり玉に挙げてきた、産業的な価値観そのものです。この宅配システムで大事なのは、顔が見える人間関係。まあ、さすがにずっと赤字では困りますが、顔が見えない規模になってしまうのはもっと困るのです。だから、小規模であることに意味があるのです。**ひとりひとり、相手の顔を思い浮かべながら箱詰めするぐらいがいいのです。**

実際、この宅配がスタートした当初は、私のアシスタント兼秘書のような役割を長年やってくれていた女性が、パッケージの箱詰めを担当してくれたのです。これは、実際にやるとけっこう大変な作業です。でもその送り先は、彼女にとっても顔を見知っている相手だから、自然と作業が丁寧になるのです。受け取った方も、「ああ、このキャベツは彼女が包んだのか」と思えば、冷蔵庫の中でしなびさせないように、大切に食べてくれるでしょう。そういうことが大事だと思うのです。

これが大規模になると、どう違うのか。わかりやすい例を挙げましょう。震災後、ある大手野菜宅配グループが、「被災地を支援しよう」というキャンペーンを行い、被災エリアで採れた野菜を積極的に販売していました。ところが、あとになってわかったのですが、そうやって販売した野菜は、放射線量の測定をやっていなかったそうです。つまり、どの程度汚染されているのか（またはされていないのか）わからない状態で、消費者に売られてしまった。こういうことは、顔が見える関係ならありえないと思いませんか。「被災地の農家を応援したい」という気持ちは一応理解できるとしても、汚染の程度も確認できていない野菜を、家族や友人に薦めたいとは思わないですよね。

さらに、同じ会社が次に何をやったか。今度は「安心できる西日本の野菜」というキャンペーンをやっているのです。やることがまったくちぐはぐです。きっとキャンペーンごとに担当者が違ったのだろうと思いますが、大きな組織だと、どうしてもこういうことが起きてしまいます。

ビジネスとして見れば、大きな規模でなければできないこともある。それはわからなくもない。でも、大きな規模になることで失われるものもある。私は、その「失われるもの」を大事にしたいのです。なぜなら、おいしくて安全な野菜を取り戻すには、絶対にそれが必要だと思っているからです。

田口さん、そして自然肥料との出会い

次は、野菜の手配です。私を信じてお金を出してくれる人に送るのですから、最高のものを選ばなくてはなりません。

ここで、一人の人物を紹介しましょう。この野菜宅配システムにおいて、欠かすことのできないパートナー、田口喜平さんです。

田口さんは、元々は農協の職員として、農家に対して技術や経営の指導をする仕事をしていたそうです。1960年前後の、まだ化学肥料や農薬があまり普及していない時代だったとのことで、「名目は指導だったけれど、農家の人に教えてもらうことのほうがずっと多かったよ」とおっしゃっています。その時期に、化学肥料などに頼らない、当時の農業技術を実地で学んだのでしょう。

田口喜平さん。横のトレイの中身が、でき上がったばかりの自然肥料。「鶏糞とオカラに数種類の菌を混ぜて、数日間発酵させます」。

その後、農協を離れてから、農地の土壌改良などの研究を進め、立山連峰の土壌から採取した微生物を使って発酵させた、独自の自然肥料を開発しました。

この肥料を畑に入れると、畑に元々棲んでいた微生物が元気になるのです。通常の肥料のように成分をつぎ足すのではなく、畑の土そのものを活性化しているわけです。すると、土壌の中の生き物の活動が全体的に高まって循環が良くなり、その活動によって野菜に必要な栄養成分が、土の中で作られる。そして、土がふかふかした理想的な畑になるのです。

この肥料を入れた田んぼを見にいったことがあります。季節はちょうど冬の始まりごろで、稲刈りはとっくに終わっています。あたりは前の日に降った初冬の雪で、うっすらと雪化粧していました。もちろん田んぼも真っ白。ところが、この肥料を入れた田んぼだけは、土が全面、黒々と露出している。土の中で微生物の代謝活動が活発になって熱を出し、そこだけ雪が解けているのです。これだけを見ても、ものすごい〝土力アップ〟作用があることがわかります。

私はかなり以前から、田口さんのお名前と自然肥料の話は耳にしており、関心を持っていました。２０１１年の1月に初めてお会いして、すっかり意気投合。震災後に、自分の引っ越し先として大垣を選んだときも、田口さんがこのあたりで活動しているということを念頭に置いていました。

でも、その予感が確信に変わったのは、引っ越し後、田口さんの肥料を使っている農家をいくつか案内してもらい、そこで作っている野菜を食べさせてもらったときです。「これだっ！」と直感しました。**本来の土の力で育った野菜は生命力に満ちていて、香り豊かで深みのある素晴らしい味だった**のです。

しかもそこには、在来種の野菜も一部残っていたのです。というのも、農家の中には、田口さんの自然肥料を自家用の畑で使っている人がいるのです。出荷用の畑ではF1種の野菜を作っていて、そちらの仕事はほとんど息子に任せているけれど、自家用の畑にはこの肥料を入れてみた、なんていう人もいる。で、使ってみると味が良くなって、収量も増えた。ありがたいことだけれど、自分たちだけでは食べ切れないし、余っても仕方がないから、昨年は息子の作物と一緒に農協に卸したんだよ、などと話しているのです。

天の恵みとはこのことです。この野菜なら、私を信頼してくれる人たちに、自信を持って薦められる。そう確信した私は、田口さんに宅配システムの話を切り出しました。田口さんも、私が何を目指しているかすぐに理解し、協力を約束してくれました。

それからは、田口さんと一緒に農家を回る日々が続きました。毎週コンスタントに、自然肥料の畑から旬の作物を提供してもらうよう、お願いするためです。喜んで引き受けてくれる人もいれば、「都会の人がこんな不細工なもの、食べるのかい？」なんて顔をする人もいましたが、10軒ほどが協力してくれることになり、野菜を提供できるようになりました。

購入希望者も、だいたい100人ぐらい集まったので、あとはもうスタートするだけ。2011年6月にトライアル配送を始めました。

化学肥料や農薬なしで収量が上がる

もう少しだけ、自然肥料の話を続けます。田口さんがこの自然肥料の技術を完成させたのは10年ほど前。そこから少しずつ広がって、今では岐阜県のこのエリアを中心に、全国で１００軒あまりの農家がこの肥料を使っているそうです。もちろんそこでは化学肥料や農薬は使っていません。それでも作物の収量が50％近くアップするのです。このアップ率は、化学肥料を使った場合とほぼ同等です。

「収量」は、農家の人にとっては死活問題です。と、そんないい方をすると、「それも産業的な価値観ではないか？」と突っ込みが入りそうですね。まあ、確かにそうです。でも、現実問題として農家の人は、いつでも農薬と化学肥料を使える状況にあるのです。それを使えば自分の畑から、どのぐらいの収穫を挙げられるかもわかっている。その収量が、今の農業の基準ライン。その水準を下回ることをやってくださいといっても、それは無理です。

実際、私もいろいろなところで、農家の人と化学肥料や農薬の問題について話をした経験がありますが、ほとんどの人が、最後には「そんなことをやったら商売にならないでしょう？」といいます。彼らはこれで生活をしているのですから、生活していけるだけの収入の見込みがないことは、できません。これもお金の話ではありますが、転用期待で一獲千金を夢見るのとは意味が違います。

だからこそ、化学肥料なしで収量を上げられる田口さんの自然肥料の価値があるわけです。これだったら、商売になるメドが立つわけですから。

「自然農法」という言葉をご存じでしょうか。よく有機農業と混同されるのですが、まったく別のものです。自然農法は、通常の肥料や農薬はもちろん、堆肥も、田口さんの自然肥料のようなものさえ使わないし、雑草も抜かない。それどころか、畑を耕すこともしないという、徹底的に自然な状態を守る農業です。私も畑を見せてもらったことがありますが、まるで普通の野原のように草が生い茂る中に紛れて野菜が植わっていて、普通の感覚ではとても畑とは見えないような光景でした。

このやり方で栽培をすると、確かに、素晴らしくおいしい野菜が採れます。野菜の生命力を極限まで引き出すことができるのです。

ただ、技術的に相当困難なので、取り組んでからまともな収穫ができるようになるまで何年もかかります。取り組んだ人はその間、無収入に耐えなくてはなりません。

そして、うまく育てられるようになったとしても、収量はかなり少ない。率直にいって、自給自足の域を出ないレベルの収穫しか望めません。全国の消費者の口を満たすような収穫は、残念ながらこういうやり方では期待できないのです。

私は、自然農法に取り組んでいる人たちを心から尊敬していますし、ぜひ信念を貫いて、頑張って続けて欲しいと思っています。でも、多くの人においしい野菜を届けたいと思っている私の立場としては、自然肥料を使って収量を高める田口さんのやり方のほうに、より現実的な共感を覚えるわけです。

農家の息子たちが変わり始めた

宅配の話に戻りましょう。このシステムでは、約１００人のメンバーを2グループに分け、50人ずつ隔週で野菜を届けます。受け取る側から見れば、月に2回、野菜が届くことになります。土曜日に届くよう、梱包の作業は金曜日に行うことにしました。

その前日、毎週木曜日が集荷日。つまり農家を回って野菜を集めてくる日です。

田口さんは、すべての野菜を自分で集めます。奥さんと一緒にバンに乗り込み、自分が運転して1軒ずつ回っていくのです。朝から回り始めて、夕方、陽が暮れるころまでかかることも多い。しかも野菜の鮮度を保つため、バンの車内はガンガンに冷房を利かせてあるのです。夏はもちろん、冬でも、そうなのです。

大変な作業です。それでも自分の目で畑や野菜の様子を確かめ、農家の人と会話することを大事にしているから、決して人任せにはしません。こういう姿勢には本当に、頭が下がります。

どんな野菜が集まるかは、当日、集荷してみないとわかりません。そのラインナップが私のところに届くころには、もう夜も更けています。連絡を受けてから、野菜のリストが載ったリーフレットを作ります。これは野菜パッケージに同梱するもの。野菜をおいしく食べるための、私の特製レシピも載っています。出来上がるのはたいてい深夜になります。

そして翌日。メールで転送されたリーフレットが田口さんの事務所でプリントアウトされます。そこから一日がかりで配送作業。野菜の種類によって、ひとつずつ包んだり、まとめて縛ったり、切り分けたり、といった作業が入りますから、実際にやるとなかなか大変。50人分でほぼ丸1日かかります。全部のパッケージをクール便で送り出したら、ようやく完了です。

トライアル配送の当日。最初の野菜を送り出してから、メンバーのみなさんの手元に届くまでは、私もけっこう緊張しましたよ（笑）。だって、私を信頼して申し込んでくれた人たちに送るのですから。「期待してたのに何これ？」なんていわれたら、全人格を否定されたような気分になるでしょう？

それだけに、ぽつぽつと送られてきたみなさんからのメールに「おいしい！」「ありがとうございます」といった文字が見えたときは、いやぁ、うれしかったです。もちろん、この野菜なら絶対にみんな喜んでくれると確信していましたけれど、実際に反応をもらったときのうれしさは、やっぱり格別です。

トライアルが順調だったことを受け、２０１１年7月から本格的にスタートしました。こんな手作業のシステムで月4回の配送をこなすのは、正直大変なことも多いです。でも、サポートしてくれるみなさんからの反応をダイレクトに受けられるのが、大きな組織にはない良さ。そんな声に力をもらって今も頑張っています。

農家のみなさんのところにも、すぐに行きましたよ。食べた人からの声を伝えるのが、私の役割ですから。メールの画面を見せたら、みなさん、とても驚いて、そして喜んでくれました。「だったら頑張ってもっと作ろうか」なんていってくれて。

そんなことをやっているうちに、驚いたことが起きました。先ほど、売り物にする野菜の畑は息子さんに任せているという話をしましたね。そんな人が何人かいらっしゃるのですが、その息子さんたちが、こちらの自然肥料の畑を手伝ってくれるようになったというのです。東京から来た人が個人宅配を始めて、盛り上がっていて何だか楽しそうだから、オレも入れてくれ、という感じで手伝ってくれるのだそうです。

農家の人も、食べる人とのつながりを感じながら仕事するほうが、きっと楽しいのですよ。だから、金額ベースでいったら商品用の畑のほうが圧倒的に大規模で作業量も多いはずなのに、合間を縫ってこちらを手伝ってくれる。面白いものですね。

農家のおばあちゃんを紹介します

さてこのへんで、おいしい野菜を作ってくれる農家のみなさんを、何人かご紹介しましょう。１４５ページの写真は、中津川の３人のおばあちゃん、杉山昌子さん（右端）、丸山八千代さん（右から2番目）、丸山文子さん（中央）です。

このおばあちゃんたちは、畑の横に共同のお茶飲みハウスを持っています。私がたずねていくときはいつも、このハウスのテーブルに、自慢の野菜料理などをいっぱい広げて、待っていてくれます。今回、この本を書くにあたって、編集スタッフを２人連れていったのですが、そのときも煮物や漬け物をてんこ盛りに用意して、にぎやかにもてなしてくれました。

例年、冬場の畑は休業状態なのだそうですが、今年は私の宅配のために、冬になってからも、白菜や里芋を一生懸命作ってくれました。自分が作る野菜をおいしいといってくれるのが励みになって、元気が出てくるのだそうです。「じっとしててもボケるだけだから、ちょうどええわ」なんて笑いながら、作った野菜を渡してくれるのです。

今回の訪問は2月。農作物を作るには最も厳しい季節です。杉山さんは、野菜だけでは配送用の品数が足りないのではないかと心配して、コンニャクまで準備してくれていました。もちろんコンニャク芋からの手作りです。それを50人分。**手作りのコンニャクは工場加工品と違って、煮込んだときの味の染み方が格別**なんです。おばあちゃんたちの手にかかれば、こんな手の込んだものも、さらっと作れてしまうのです。

このコンニャクにはちょっとした後日談があります。伺った日は木曜日で、その週の土曜日に配送される野菜の集荷日でした。同行した編集スタッフは、2人ともこの宅配システムで野菜を買ってくれているのですが、2人そろって翌週のグループ。つまり、目の前で集荷されていくおいしそうな野菜は、自分の家には来ないという状況だったのですね。

それでも白菜や里芋は、この時期ほぼ毎回、ラインナップに入っていたのでそれほど気にならなかったようですが、手作りのコンニャクは、初登場の品だったこともあり、2人とも目が釘付けになってしまったのです。それで、少し遠慮しながらも、杉山さんにこんなふうに聞きました。

おばあちゃんたちの憩いの場。冬になるとビニールで囲って、薪ストーブで暖まりながら団欒する。杉山さんの出来立てコンニャクはぷりぷり。

「コンニャクは、来週も作ってくれますか?」

杉山さんはニカッと笑いながら、こう答えました。

「いやぁ、来週は私、歯医者を予約しとるからねぇ、作れるかどうかわからんよ」

さて、そのやり取りを聞いていた私は、次の週の集荷でコンニャクが入ってくるかどうか楽しみに待っていました。そうしたら杉山さんは、ちゃんとコンニャクをたくさん準備してくれたのです。さすがです。きっとおばあちゃんたちは、こんなやり取りも楽しくて仕方がないのだと思います。今度行くときは、私がお茶飲みハウスで料理を作って振る舞いたいと思っています。

おいしい野菜作りの名人たち

次に紹介するのは、丸山信資《のぶすけ》さん。丸山さんも中津川在住で、お茶飲みハウスにもよく顔を出します。おばあちゃんたちと違って無口ですが、農作業の腕は確かなおじいちゃんです。

丸山さんは、トマト作りの名人。トマトの品評会で全国1位をとったこともあるそうです。田口さんの自然肥料を長年使っていて、田口さんいわく、「ワシの肥料を最高にうまく使いこなしてくれている」のだそうです。

このトマトが、とにかくもう、おいしいのです。がぶりと頬張った瞬間、皮がぷちっとはじけて、口の中に鮮烈で芳醇なあの夏の香りがばーっと広がり、体中がおおおっていう歓喜の声を上げる感じ、ってわかりますか？（笑）味は甘いんだけれど、甘ったるいわけじゃない。濃厚な中にみずみずしさがひとすじ通っている。もちろん宅配のメンバーからも大絶賛でした。

丸山さんのトマトは、名古屋市内の高級スーパーに出荷されていました。仕入れ担当の人が味にほれ込んで、特別コーナーを作って売っていたそうです。数に限りがあるので、曜日を決めて、高い値をつけて売っていたようですが、あっという間に売り切れる人気だったのです。皮が割れたり形がゆがんだいわゆる規格外のものまで、すぐに売れたといいます。**本当においしいとわかれば、消費者も形のことは気にしないのです。**

最後にもう一人、海津《かいづ》市の伊藤勉さんを紹介します。伊藤さんはたくさんの種類の野菜を作っています。四季折々の旬の野菜が、いつでも畑をにぎわしているのです。春はタマネギ、レタス、夏はトマト、ナス、ピーマン、キュウリ。秋〜冬は大根、キャベツ、小松菜、ほうれん草などなど。どれも素晴らしくおいしいですよ。

写真のタマネギのひげ根を見てください。びっしりと生え広がって、立派でしょう？　いい土の畑じゃないと、こんなには広がりません。

伊藤さんはよく、うまい野菜を育てる技を教えてくれます。蔓が伸びて葉っぱが何枚出たところでこうするとか、根の張り方はこうなればいいとか。普段は無口なんですが、こういう話を始めると、もう止まらない。心から野菜作りが好きだってことが伝わってきます。伊藤さんだけじゃありません、野菜を愛している農家の人に作り方を聞くと、みんな本当に楽しそうに、いくらでも語ってくれますよ。

そんなとき、こういう人と一緒に仕事ができて良かったなぁーと思うのです。こういう人が作る野菜を、みんなに食べてもらいたいのです。

こんなに長くて立派なタマネギの根を見たことがありますか？　しっかり根を張ってぐんぐん水と栄養を吸い、果肉に一生懸命届けた証拠。

今の日本は「安物食いの銭失い」

ところで、みなさんの中にはもしかしたら、こんな心配をしている人がいらっしゃるかもしれませんね。

「おいしい野菜だってことはわかったけれど、会員たった100人の宅配ビジネスで、採算とれるの？」

ご心配ありがとうございます。正直にいって、うなるほど儲かっているわけじゃありません（笑）。でも、先ほどもお話ししたように、顔が見える小規模なネットワークであることが大事だと思っているので、会員数拡大を目指すということではなく、多くの理解者、賛同者を得ることを目指していきたいと思っています。

小規模でも成り立っている理由を挙げるとすれば、価格です。この宅配は、ほかの宅配野菜や、スーパーで売っている野菜と比べると、値段が高いです。毎回7～8種類の野菜に、キノコと卵が入ったセットで、月2回の配送で毎月7950円（税、送料込み）です。それだけの価値があると納得していただける方に、メンバーになってもらっているのです。

「高い」といいましたが、私の考えではむしろ、**一般に売られている野菜が安すぎる**のです。あんな値段で売られて採算があう野菜を作ろうと思ったら、化学肥料と農薬を使ってＦ１種を大量生産するしかありません。

なぜそこまで安く作るのかというと、それは消費者が「安いほどいい」という発想で食べ物を選ぶからです。

「エンゲル係数」という数値がありますね。家計の消費支出に占める食費の割合のことです。一般には世の中が経済的に豊かになるほど、エンゲル係数が下がるといわれています。食べ物以外の消費にお金を使う余裕があると解釈されるわけです。

終戦直後、日本人のエンゲル係数は約70％でした。当時は、食べるだけで精いっぱいだった。そこから徐々に下がって１９６３年には38・７％。さらに急降下して２００５年には22・９％。現在は20％を切っているそうです。

では、日本はどんどん豊かになったのでしょうか？　確かに戦後から１９８０年代あたりまでは、おおむね収入が増える時代が続きました。しかしバブル崩壊以降は、収入はむしろ減っています。1世帯当たりの収入は、1994年は664万円だったのが、2007年には556万円まで下がっている。そんな中でも、エンゲル係数は一層下がり続けているのです。

これはどういうことなのか？　答えは簡単。**みんな、どんどん安い食べ物を食べるようになった**のです。消費者がこぞって安い物（安物といってもいい）を選ぶから、食品を提供する側も、とにかく安い物を出す必要があった。国内になければ、世界のどこかから安い食材を調達してくる。品質は問わず、とにかく安ければいいという発想です。これもまた、産業的な価値観のひとつといえるでしょう。「儲かればいい」の裏返しとして、**食費は安いほどいいという考え方が、今の日本を覆い尽くしている**のです。

それで幸せになれるなら、誰も文句はいいません。でも、果たして幸せなのでしょうか？　国全体の出費の内訳を見ると、飲食費の消費総額が年々減ってきたのとちょうど裏返しで、増えている項目があります。それが医療費。そして医療費を押し上げている最大の要因は生活習慣病の増加であり、生活習慣病を招く最大の要因は、食事です。「安物買いの銭失い」という言葉がありますが、安物の食べ物ばかり食べ続けたことが、結果として医療費の増加、つまり病人を増やすことにつながっているとすれば、節約どころかかえって高いつけを払っていることになるでしょう。

食べ物は、生きる源。生き物が生きていく一番の基盤です。ここをケチって安物で済ませる発想は、Ｆ１種野菜を便利で手軽だと受け入れる発想と、根は一緒。でも、食を支える農業に、ほかの産業とは違う特別な価値があるように、家計の中でも、体を作る食費には特別な価値があるはず。ほかを節約してでも、食べ物だけは安物に走るべきではないと思うのですよ。

真っ当な野菜を作って、安全な方法でお手元に届けるには、それ相応の費用がかかります。その価値をぜひ、みなさんにもご理解いただきたいと思うのです。

ここでいう「価値」には、野菜のおいしさ以外の価値も含まれています。ここまで読んでいただいたみなさんなら、おわかりですよね。作り手の顔が見える安心の価値、生きた土や生き物の循環を守っている価値、豊かな景観や人の心を育む価値、そういうものすべてが入っているのです。

人とのつながりを大切にしたネットワーク作り

手作り感満載でスタートした野菜の宅配システムですが、２０１５年春現在、徐々にではありますが会員数も増え、今では岐阜県からだけではなく、九州・福岡からも野菜を宅配しています。ますます農家の皆さんとのネットワークを強化し、利用者の方々が増えるよう、頑張っています。

読者のみなさんの中に、この宅配システムに加入したいという方がいらっしゃいましたら、私のｗｅｂサイト（http://www.kiyo-san.jp/）からご連絡をいただきたいと思います。そのときに、ひとつお願いがあります。ｗｅｂサイトには野菜宅配専用の問い合わせコーナーがあり、私宛にメッセージを書き込めるようになっていますので、この本の感想や、食べ物についてあなたが思っていることを、いろいろと書いていただきたいのです。つまり、あなたがどんな人で、何を考えてこのシステムに興味を持ったか、できるだけ私に伝えてください。人のつながりを大事にしているシステムですから、これはぜひお願いしたいことです。よろしくお願いします。

現状、この宅配システムの野菜には、在来種とＦ１種が混ざっています。野菜の種類によっては在来種がほとんどないものもあるため、すべて在来種でそろえるのは簡単ではありません。もちろんＦ１種といっても、化学肥料や農薬は使っていないし、通常の畑とは土がまったく違う。育て方も違う。味は保証します。でも、できるだけ在来種を増やしていきたいとも思っています。

メンバーの人数がある程度増えてくれれば、農家のみなさんに「こういう野菜をこれだけ作ってほしい」と、こちらからお願いすることもできるでしょう。農家の人が売り物として在来種を作らないのは、彼らが「これは売り物にならない」と思っているから。まとまって売れる見込みがあれば、いくらでも作ってくれます。事実、お願いを続けており、今では宅配のラインナップの中に、在来種の野菜が少しずつ増えています。

加入される方は、私と一緒にこの宅配システムを育てていくという意識を、ぜひ持っていただきたい。これは単なるおいしい野菜の販売システムではありません。私たちが「真っ当な野菜」を取り戻すための活動でもあるのです。そのあたりをご理解いただきたいと思います。

併せて、この宅配システムに協力してくれる農家を、もう少し増やしたい。それで私は今、西日本を駆け回っています。同じ志を持つ仲間たちの協力を仰ぎ、各地で頑張っている農家の人たちを、少しずつ紹介してもらっています。

その候補地のひとつが、九州です。熊本県と宮崎県の県境に近いある街で米作りをしている那須辰郎さんは、この地域の有機農法のパイオニア的存在。きっかけは、十数年前に奥様が原因不明の病で突然倒れたことだったといいます。それが農薬のせいと気付いた那須さんは、全面的に、農薬と化学肥料を使わない農法に転換しました。数年間は苦労しましたが、今ではすっかり技術を確立。有機農法に取り組みたいという近隣の農家にも快く技術を教えていますし、最近は地域の農業高校でも指導しているそうです。

那須さんは、空き瓶の中に、水に浸けた米を年ごとに保存しています。においをかぐと、**農薬を使っていた当時の米からは嫌な腐敗臭がしますが、オーガニックになってからの米はスッキリとした発酵臭**。田んぼの土壌に棲みついた菌種の違いが、こんなふうに現れるのですね。違いは一目瞭然です。

この近郊にはほかにも、金子重実さんを中心とした有機農法で雑穀作りに取り組むグループがあります。金子さんもまた、以前、農薬の害でご自身が体を壊されたことをきっかけに、完全に無農薬で作物を育てることを決意された方です。そのほかにも、大手のオーガニック野菜の宅配事業会社を辞めてご夫婦で移住してきた方や、もともと木工芸作家で農業にも取り組んでおられる方、また、完全に無農薬で営まれている果樹園など、素晴らしい取り組みをしている方々がたくさんいます。こういう人たちも、ネットワークの協力者になってくださっています。

私の考えに共感していただける農家の方や、素晴らしい農家の人を知っているという方も、ぜひご連絡いただきたいと思います。

ネットワークに入ることで農家を支えよう

そして、一番大事なのが、次のお願いです。自分自身が、農家と消費者のつなぎ手になる方法がないか、考えていただきたいのです。

東日本大震災のあと、全国で多くの人たちが「自分に何ができるだろう?」と考えました。そしてある人は、被災地に出向いてボランティア活動をし、ある人は衣類や家電を送りました。これらはもちろん素晴らしいことです。ただ、そういう多くの人の善意が有効に機能するには、ボランティア希望者と現地のニーズをすり合わせたり、移動の足を確保したり、支援物資を仕分けたりといった、個々の行動を取りまとめてコーディネートするような働きがとても重要だったことも、みなさんご存じだと思います。ここでお話ししているネットワーク作りも、まったく構造は同じです。

みなさんはまず、ネットワークに入って野菜を買うことによって、農家を支えることができます。農家の人とつながることにもなるでしょう。でも、つながりをより広げていくには、つなぐ働きをする立場の人がもっともっと必要なのです。10人単位、100人単位ぐらいの、さまざまな種類の小さなネットワークがたくさんできてほしい。自分にそういうことができないか、やる方法がないか、少し考えてみてほしいのです。

やり方はいろいろ考えられるはず。面白い取り組みをいくつか紹介しましょう。

私の友人で、埼玉県でリフォーム会社の社長をやっている男がいます。株式会社オクタの山本拓己氏です。彼の会社の近くに、有機農業が盛んなエリアがあるのですが、彼はそこで作られる米を一手に買い付けて、自分の会社の社員に配給しています。米代は給料から天引きしているのですが、間に流通業者などが入らないので、十分に安く買えているそうです。米は、日本人なら誰でも食べる食材ですから、そういう形で配給されても困りません。むしろ安全な米が安定して配られるのは、ありがたいことでしょう。農家にとっても、安定的に買い取ってくれる大口の顧客がいれば、安心できます。お互いに、いい話なのです。

別の例も紹介しましょう。株式会社ゆうきの社長、石倉均氏は有機野菜のネットショップをやっています。彼はネットだけではなく、顔が見える店舗も展開したいと考えて、都内に、広さわずか５坪の店舗をいくつか開きました。そして半径５００ｍぐらいの範囲に住む人たちに、自転車で野菜を配達していて、これがなかなか好評なのだそうです。特に、荷物を持って歩くのが大変な高齢のお客さんからとても喜ばれているといいます。そのぐらいまで範囲を限定すれば、昔の八百屋さんのような顔の見える関係を作ることができる。しかも家まで届けるわけですから、住宅の場所も把握しているし、中の様子もそれとなくわかる。さまざまな意味での安心を支えるネットワークになりえるのです。

このケースは2人とも社長さんですから、彼らのようなやり方を誰もができるわけではないでしょう。でも、例えばママ友ネットワークを生かすとか、ご近所さんでまとまるとか、いろいろなやり方がありえると思うのです。

新しい形の小規模ネットワークを、何か実現できないか。ご自身の立場や周囲との人間関係を見渡して、何かいいアイデアがある方は、ぜひご連絡いただきたい。私も、できるかぎりの協力をさせていただきます。

野菜の危ない話④

カット野菜がカットしているのは

現代人は野菜不足の人が多いと言われています。その自覚を持っている人も、たくさんいらっしゃることでしょう。手軽に野菜不足を補えると考えて、コンビニエンスストアでパック入りの野菜サラダを購入したり、ファミリーレストランに行ったときに、チャンス到来とばかりにサラダバーでたっぷり生野菜を補給したり、なんてこともあるでしょう。が、じつはそれ、補給になっていないのです、残念ながら。

これらのカット野菜には、みなさんが期待するほどの栄養素は残っていません。それどころか、体に害になる可能性さえあるのです。それは、野菜を殺菌・洗浄する段階で、次亜塩素酸ナトリウム（次亜塩素酸ソーダともいい、食品業界用語ではジアと呼ぶ）という危険性が疑われている物質の溶液が使われているからです。厚生労働省の基準では次亜塩素酸ナトリウム２００ｐｐｍ（０・０２％濃度）で５分間、または１００ｐｐｍ（０・０１％）で10分間、浸漬させるということになっています。

次亜塩素酸ナトリウムは、食品衛生法上は加工助剤という食品添加物に近い扱いですが、その漂白剤のような強烈な塩素臭を消すために何度も水洗いされ、食品に事実上残留しないという理由で、添加物表示が免除されています。しかし、常に必ず残留がないかどうかは確認できませんし、その残留性を指摘する研究もあります。実際、みなさんの中にも、カット野菜を食べてなんだか塩素のような臭いを感じたことがある人がいるのではないでしょうか。

また、例えばビタミンCでいえば、100ppmの次亜塩酸ナトリウムの水溶液に1分間浸すと約3割が減ってしまいますし、水洗いを繰り返すことで野菜が持っている水溶性の栄養素はさらに流れ出てしまいます。当然野菜本来の味が抜けてしまうばかりか、食物繊維を摂ったぐらいの意味しかない可能性もあるのです。

このようなカット野菜は、扱う企業にとっては、野菜だけではなく時間もコストまでもカットするわけですが、消費者にとっては、安全性と健康のカットとなりかねません。不安に思われる方、野菜本来の味と栄養をいただきたいという方は、自分で買ってきた真っ当な野菜を適度に洗って食べることをおすすめします。

第5章 真っ当な野菜を大切に味わいつくす

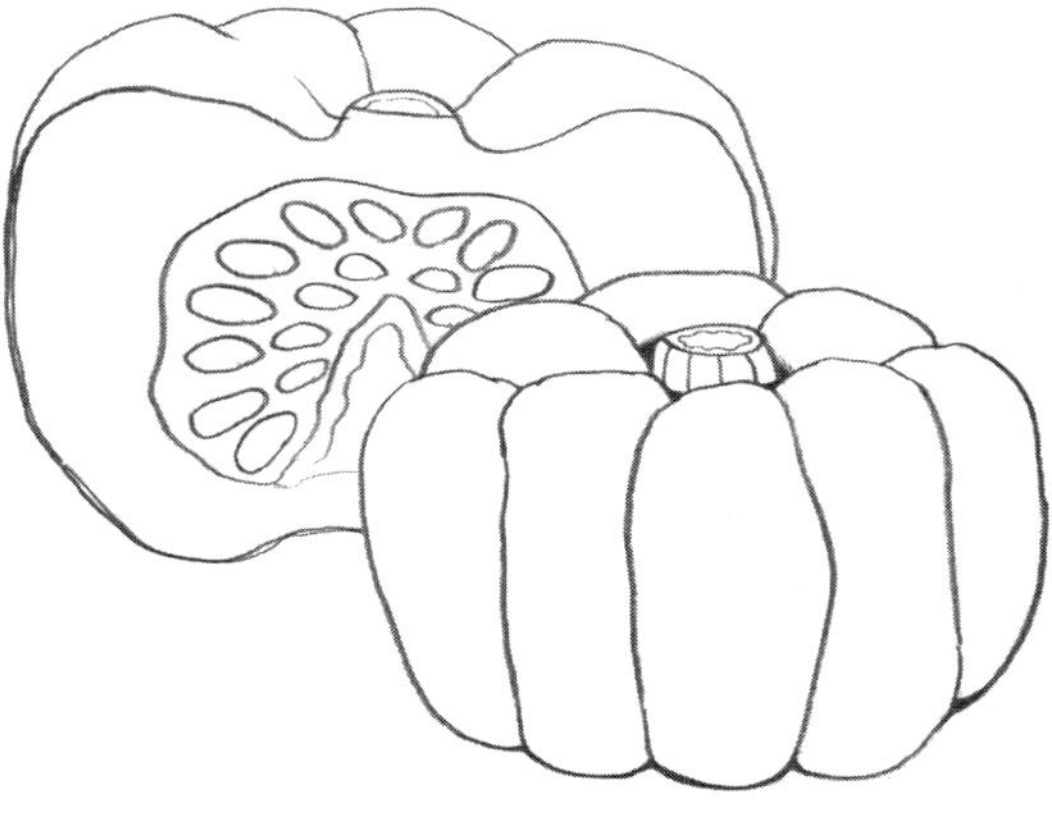

真っ当な野菜の見分け方

おいしい野菜をおいしく味わうコツは、素材の味をできるだけ生かすことです。みなさんは普段、通常のF1種の野菜を使って料理しています。その野菜は味が薄いから、いろいろと味付けを工夫することに慣れてしまっています。

でも、本当においしい野菜が手に入ったとき、そんなふうに料理をするのはおすすめできません。せっかくの野菜の味を、しっかりと味わってほしい。この章では、そのためのレシピをいくつか紹介いたします。

その前にまず、普通の「いい野菜の選び方」をお話ししましょう。在来種の野菜は、普通のスーパーや八百屋さんではまず入手できません。ですが、せめて普段買い物をするスーパーの売り場でも、なるべく質のいい、おいしいものを選びたいですよね。

一見同じように見えるキャベツや大根でも、よく見ると、少しずつ違いがあります。F1種野菜といっても生き物ですから、元気に育ったものと、あまり元気の良くないものがありますし、もちろん鮮度の差もあります。なるべく新鮮で、元気なものを選んだほうがいいのです。その見分け方は、次の通りです。

❶手に取って、ずっしりした重みを感じる。

カボチャやトマト、キャベツなどがわかりやすいです。いくつか手に取って比べてみれば、違いが感じられると思います。

❷見た目の質感がみずみずしい。でも水っぽくはない。

キュウリなどは、ぱきっと折るとみずみずしさがよくわかります。

❸太陽光に透かすように照らすと、何となくキラキラと輝いて見える。

これは、野菜の肌のきめの細かさを見分ける方法。きめが細かい野菜の肌は、きらきらして、独特のしっとりした感じがあります。トマトなどがよくわかります。良くないものはどんよりして見えるのです。特に採りたての野菜ではっきりわかります。

❹実や巻きが、固く締まっている。

キャベツ、白菜などがわかりやすいです。断面を見るとよくわかります。

❺表面にひび割れがない。

トマト、ナスなどを見分けるポイントです。ひび割れがあるのは、水分が多すぎて水膨れになっています。

❻触ったときに、ふかふか、ぶよぶよした感触があるのはNG。

❼切り口が変色していない。

❽葉先が変色していない。

いい野菜は、時間が経ってもそう簡単に生命力を失うことはありません。水分が抜けていくとしなびることはありますが、葉に含まれる抗酸化成分量が多いため、生命力を保っています。葉先が変色しているのは、質が良くない証拠です。

❾しなやかな柔らかさがある。

キュウリの端を持って振ってみるとわかります。ある程度、柔らかくしなるのがいいキュウリです。

❿色が鮮やか。

トマト、ニンジンなどでわかりやすい指標。抗酸化成分の多くは色素です。多種類の色素を含んでいれば、深みのある鮮やかな色になります。

最初のうちはわかりにくいかしれませんが、買うときになるべく注意して見てください。いろいろな季節に、いろいろなお店の野菜を見ていれば、だんだん違いがわかってきます。

さらに、できればこんなこともやってみるといいでしょう。

❶Ｆ１種野菜と在来種野菜を食べ比べる。
❷ハウスものと露地ものを食べ比べる。
❸有機野菜と、通常のもの（慣行農法のもの）を食べ比べる。
❹旬のものと、旬を外れたものの味を比べる。

❶で、在来種の野菜を手に入れるのはかなり難しいですが、インターネットで検索すれば、通販をしているショップや農家、野菜フェアのようなイベントに出展している農家を見つけられる可能性があります。もちろん、私の宅配に加入してもらってもいいでしょう。何かの機会を見つけて、一度味わってみてください。味が全然違いますから。

食べ比べるときは、このあと紹介する素材の味を生かしたレシピを作ってみるといいでしょう。そうすれば、野菜そのものの味がよくわかります。そういうことを積み重ねていくうちに、あなたも少しずつ、野菜選びの「目利き」になれるはずです。

野菜をおいしく味わいつくす方法

まず大切なのは、野菜を無駄にしないという皆さんご自身の心掛け。きちんと手をかけて作られた野菜たちはみんな、生命が宿っていますから、できるだけ捨てる箇所は少なく、できればすべてをいただくようにしたいものです。そこで、ここでは家庭で残りがちで、最後まで使い切るのが難しい野菜を11種類選びました。１つの野菜につき３～４つの調理法を紹介していきます。

使う調理法は、❶蒸す、❷茹でる、❸炒める、❹煮る、❺焼く、❻漬ける、❼おろす、❽和える、の８つです。

ここに挙げた調理法は基本のものですから、一度はレシピどおりに作ってみることをおすすめします。その後にこのレシピを基に皆さん自身のアレンジを加えてみてください。とびっきりおいしいお料理ができることもありますし、そうでないこともあり得ます。そんな時、基本の味を知っていると、何がよかったのか、また、いけなかったのかがわかります。それが、次の機会に生きていくのです。

揚げるという調理法がないのは、私のポリシーです。外食やお惣菜で揚げ物は中心メニューですが、家庭料理では、調理においても、また後始末ということを考えても、優れた調理法とはいえません。他においしい料理がたくさんあるので、そちらを採用してみてください。

健全な家庭料理を作るために必要な最低限の道具と調味料に関しては、拙著『じつは危ない食べもの』（ワニブックス【PLUS】新書）をご参照ください。

ご紹介する8つの調理法には、それぞれ優れた点や不向きな素材があります。ここでは基本的なことをお伝えしますが、最終的には料理する人の好みになりますから、いろいろとチャレンジしてみてください。

❶蒸す

最大の利点は、野菜の栄養素の損失が少ないこと。素材そのものの持ち味、香りなども逃がしません。蒸し器内に十分な水蒸気を保ち、短時間で一気に蒸し上げること。

❷茹でる

葉野菜類は、沸点を保ってできるだけ短時間で茹で上げ、手早く冷水にとって温度を下げるのがコツ。野菜が持つ水溶性の栄養素が茹で汁の中に出てしまうので、茹で汁の中に塩を入れる必要はありません。芋類は水から茹でると煮崩れしません。

❸炒める

中華料理のように油から煙が出るような高温で炒めるのはＮＧ。油の成分が分解し、過酸化脂質という毒性のある物質に変化してしまうからです。炒め物に使う油はオメガ９脂肪酸が主体のオリーブオイルが最適。材料の野菜には炒める直前に適量の塩をふっておくと手早く料理できます。野菜から出た水分とオイルが熱による化学変化を起こして乳化すると、それが旨味になります。

❹煮る

素材に調味料の味を染み込ませるのに最適。また、素材同士の味をなじませるのにも適した調理法。加熱によって野菜の細胞壁が壊れ、野菜そのものが持つ成分が出てきて、それを一緒に煮た他の野菜が再び吸収することによって、新しい味が生まれます。そこに調味料の旨味を上乗せしていくことで、おいしい料理になります。

❺焼く

素材に直接熱を加えるので、余分な水分が飛び、甘みや旨味が凝縮。焼いた後にソースなどを付けて供することもあるし、漬け込みの下処理としても使われる調理法。

❻漬ける

短時間漬けたおいしさももちろんありますが、基本的には長期保存のための調理法。世界中には多彩な素材を塩、酢、醤油、味噌、オイル、糠などに漬けて食べるさまざまな伝統料理が存在していますが、日本も漬け物の宝庫。栄養的な意味も深いので、家庭での漬け物がもっと見直されてもよいと思います。

❼おろす

すりおろすことで、野菜の細胞をあえて壊し、野菜が持っている酵素を活性化することができます。おろした際に出る汁を捨ててしまうと栄養的価値が激減するので、汁もすべていただきましょう。

❽和える

下処理をした素材に和え衣、汁などで味をつける調理法。素材に塩味を取られるので、和え衣、汁の味付けは少し濃い目にします。

まずはサラダでフレッシュに

新鮮な野菜が手に入ったら、まずはサラダで食べてみましょう。生で食べてみれば、その野菜がどのくらいのパワーを秘めているかがわかるでしょう。優秀な野菜であれば、オイルとビネガーだけで最高においしいサラダができます。

サラダ（salad）の語源は塩（salt）で、サラダに塩はつきものですが、現代の食事情では加工食品などから大量のナトリウムを摂っているため、体のミネラルバランスのためにはあえてサラダで塩分（ナトリウム分）を摂らなくてもいいのです。だからここで紹介するレシピには塩を加えていませんが、もちろん、お好みで適量の塩をふっていただくのはかまいません。

生の野菜は体を冷やすので食べない、という人がいますが、**普通に食べる量のサラダくらいで体が冷えるとしたら、それは別のトラブルが体の中に存在している**と考えるべきでしょう。じつは、それらのトラブルを解決するためにも、ある程度の生の食品は必要だと私は考えています。私たちが摂らなければならない植物性の栄養素の中には、ビタミンCのように加熱によって失われてしまうものもあるからです。加えて、**48℃以上になると活性を失ってしまう酵素も野菜から効率よく摂取すべき**ものです。とくに30代半ば以降は自分の体が造り出す体内酵素が減ってくるので、消化や代謝をスムーズにするためには積極的に食べ物から酵素を摂り込まなければなりません。生の食品は私たちが健康に生きていくためには必須で、その最も手軽でおいしい食べ方がサラダであると、私は思っています。ここで紹介する料理法は３つだけですが、ここからご自分のイマジネーションを膨らませて、オリジナルの新しいサラダメニューを考案してみてください。

トスド・サラダ

トスとは、バレーボールやバスケットボールなどでボールを上にあげる、あのトスのこと。野菜をリズミカルにトスしながらオイルを、さらにビネガーをからめることから、トスしたサラダ＝トスド・サラダと呼ばれています。いわばサラダの原型に近いものです。おいしいサラダを作るポイントは、まず、栄養素が水に溶け出さないよう洗った野菜をよく水切りすること。次に良質のオイルで野菜をコーティングすること。最後に、ビネガーをかけて和えたら、なるべく時間をおかずに食べることです。

●材料　２人分　好みの葉野菜　３００g　（レタス、サニーレタス、エンダイブ、

ルッコラなど)／亜麻仁油　大さじ1／オリーブ油　大さじ1／ビネガー　大さじ2

●**作り方**

1 野菜は洗ってサラダスピナーなどで十分に水気を切っておく。

2 大きなボウルに、野菜を食べやすい大きさにちぎって入れる。

3 亜麻仁油とオリーブ油を野菜全体に回しかけ、大きな木のスプーンなどで野菜が宙を舞うようにトスして、薄い油の膜でコーティングする。

4 ビネガーを回しかけ、さらにトスする。ビネガーをかけた後は、野菜がしおれないよう、手早く数回トスするだけでよい。

マヨネーズドレッシング

マヨネーズをそのまま野菜につけて食べてももちろんよいのですが、ひと手間加えることで亜麻仁油のオメガ3が摂れ、栄養的価値がグッと上がります。

●材料　2人分　マヨネーズ（できればオーガニックマヨネーズ）大さじ4／亜麻仁油　大さじ4／酢　大さじ1（好みで、オリーブの実、アンチョビ、ケーパー、ピクルスなどを細かくきざんで加えても）

●作り方

1　すべての材料を混ぜ合わせる。

2　生のキャベツ、レタス類や、蒸した、または茹でたブロッコリー、カリフラワー、ジャガイモ、ニンジン、アスパラなどの野菜に1を和える。

中華風ドレッシング

一緒に食べる料理によっては、このドレッシングで作ったサラダのほうが相性がいい場合もあります。

●**材料　２人分**　ごま油　大さじ1／亜麻仁油　大さじ2／酢　大さじ1／醤油　大さじ1／五香粉（中華調味料）少々（好みで、すりごまを加えてもおいしい）

●**作り方**

1　すべての材料を混ぜ合わせる。

2　生の白菜、キャベツ、大根、カブなどや、蒸すか茹でるかした豆腐、コンニャク、ゴボウ、ニンジンなどに1を回しかけていただく（豆腐は冷やしたものでもＯＫ）。

それでは、いよいよ次のページから、「真っ当な野菜を大切に味わいつくすレシピ」をご紹介していきましょう。

キャベツ

胃潰瘍に効くと言われるビタミンU（キャベジンとも呼ばれる）を多く含んでいます。原産地はヨーロッパで、古代ギリシア・ローマ時代から好んで食べられてきました。よいキャベツは葉にツヤがあって濃い緑色をしています。持つとしっかりとした重みがあるものを選びましょう。

蒸す・茹でる　豚キャベツ鍋

材料　2人分

豚肉（ロース薄切り）120g／キャベツ ¼個～⅓個

〈つけだれ〉醤油、酢 適量／ラー油、かぼすやすだちの搾り汁、大根おろし、ゆず胡椒、ピーナツパウダー（粉状にすりおろす）など　各適宜

作り方　10分

①つけだれを作る。醤油とその半量の酢を合わせ、そのほかの材料を適宜合わせる。

②キャベツの葉を大きめのザク切りに、芯の部分を薄くスライスする。

③鍋にお湯を沸かし、豚肉とキャベツを入れる。豚肉に火が通ったら1のつけだれでいただく。

POINT

汁も旨味や甘味が溶け出ておいしいので、〆にはうどんとニラを入れて残さず召し上がれ。

炒める

キャベツと桜エビ炒め

材料　2人分

キャベツ6枚／桜エビ　適量／ショウガ　適量／オリーブ油　大さじ1／醤油　小さじ1／塩　少々

作り方　15分

①ショウガは千切りに、キャベツは2×6㎝のざく切りにする。

②フライパンにオリーブ油を入れ、ショウガの千切りを加えて中弱火で加熱して香り出しする。

③②に桜エビを加え、焦がさないように炒める。

④ざく切りにしたキャベツに塩を振りまんべんなく混ぜて、すぐに3を加えて炒める。

⑤仕上げに醤油を回しかけ、ざっくり混ぜて出来上がり。

POINT

お好みでごま油を回しかけて仕上げてもおいしいです。キャベツのシャキシャキ感を残して仕上げましょう。

煮る

キャベツとジャガイモのスープ

材料　２人分
キャベツ　大２枚／ジャガイモ　小２個／ひよこ豆　½カップ／ローリエ　１枚／白ワイン大さじ１／パセリ少々／塩　適量

作り方　20分（豆の浸水時間は含まず）
①ひよこ豆は水約５００㎖に５～６時間浸す（または熱湯に40分浸す）。
②①にローリエを入れて火にかけ、中火で10～15分茹でる。
③②を豆と煮汁に分ける。
④豆の煮汁に薄くスライスしたジャガイモを入れて火にかけ、荷崩れない程度に２～３分程度加熱する。
⑤④に短冊切りにしたキャベツ・ひよこ豆・白ワインを入れてひと煮たちさせ、塩で味付けをする。
⑥器に盛りつけ、みじん切りにしたパセリを散らす。

POINT
ひよこ豆は、ホクホクした食感を残すよう、茹ですぎないように。食べる直前に、お好みでオリーブ油（エクストラバージン）をたらしてもおいしいです。

白菜

日本で食べられるようになったのは意外にも近年で、日清戦争の兵士が中国から持ち帰ったのだとか。冬場に旬を迎える白菜はビタミンCが豊富で、霜が降りると自らでんぷんを糖に変えることによって甘みを増します。重みがあり、葉の間が隙間なく詰まっているものを選びましょう。

炒める

白菜とザーサイの炒め

材料 2人分

白菜 5枚／ショウガ 1片／ザーサイ 10g／オリーブ油 大さじ1弱／醤油 小さじ1／酒 小さじ½／胡椒 少量／ごま油 小さじ1

作り方 10分

①白菜は葉と芯に切り分け、葉はざく切りに、芯は5㎝長さの細切りにする。

②ショウガ、ザーサイを千切りにする。

③フライパンにオリーブ油とショウガを入れ、香りが立ったらザーサイを加えて軽く炒める。

④③に白菜の芯を入れて炒め、軽く火が通ったら葉の部分を加える。

⑤醤油、酒、胡椒で味をととのえ、ごま油を回し入れる。

POINT

白菜はさっと炒めましょう。

蒸す・茹でる

蒸し白菜のナッツソース

材料　２人分
白菜　５～６枚
〈ソース〉ニンニク　１片／ショウガ　20g／鷹の爪　½本／好みのナッツ　20g／オリーブ油　大さじ２／醤油　大さじ１／日本酒　大さじ１／紹興酒　大さじ１／花椒　好みで少々

作り方　15分
①白菜は重ねて繊維と垂直に３～４㎝に切る。
②ニンニク、ショウガはみじん切りに、ナッツは粗みじんにする。
③フライパンにオリーブ油をひき、ニンニクとショウガ、鷹の爪を入れ、焦がさないように色づくまで加熱し、ナッツを入れてざっと混ぜ合わせたら火を止める。
④②のあら熱が取れたらボウルに移し、ソースの調味料を混ぜ合わせる。
⑤①の白菜を重ねたまま隙間を埋めるように順番に鍋に入れ、中火で６～７分蒸す。
⑥⑤を器に盛り付け、４を回しかける。

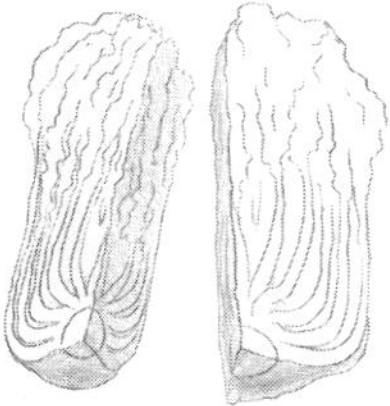

煮る

ちり鍋

材料　2人分

昆布　10㎝／水　800㎖／白菜　3枚／豆腐½丁／長ネギ　1本／しらたき　½玉／春菊4本／タラ（ほかの白身魚でもよい）80g／すだちの搾り汁　適量／醤油　適量

作り方　15分

①鍋に水と昆布を入れて火にかけ、沸騰する直前に昆布を取り出す。

②豆腐は4㎝角に、長ネギは斜め切りにする。しらたきと春菊は食べやすい大きさ、白菜は葉と芯の部分に分けて食べやすい大きさに、魚はひと口大に切る。

③①をふつふつと沸騰させた状態のまま、魚、豆腐、長ネギ、しらたき、白菜の芯の部分を入れる。

④魚に火が通ったら、白菜の葉の部分と春菊を加え、フタをして約2分煮込む。

⑤すだちの搾り汁と醤油を1：1で合わせてポン酢を作り、つけ汁にしていただく。

POINT
タラなどの白身魚の代わりに鶏肉、豚肉でもよい。すだちをほかの柑橘類で代用してもOK。

大根

一年中市場に出回っている大根が、もっともおいしくなるのは秋から冬にかけて。ジアスターゼというでんぷん消化酵素や、イソチオシアネートという発ガンを抑制する植物栄養素も含んでいます。葉には驚異的な量のビタミンCが含まれているので、すべてを残すことなく食べましょう。

焼く　大根のピザ風

材料　2人分
大根　9㎝／白味噌　大さじ2／トマト水煮缶50cc／溶けるチーズ　大さじ2／プチトマト3個／チャービル　適量

作り方　20分
①大根は1・5㎝厚さの輪切りにし、竹串が通るくらいになるまで茹でて、冷ましておく。
②①に白味噌、つぶしたトマトの水煮、チーズを、1個につき小さじ1ずつ順にのせ、半分に切ったプチトマトをのせる。
③②をオーブンやトースターでチーズが溶けるまで焼き、チャービルを飾る。

POINT
大根の輪切りの片側に隠し包丁を十字に入れておくと、火が通りやすいです。

蒸す・茹でる

蒸し大根の味噌バルサミコソース

材料　2人分
大根　中¼本
〈ソース〉
味噌　大さじ2／赤ワインビネガー、赤ワイン、バルサミコ酢　各小さじ2／オリーブ油　大さじ3

作り方　15分
①大根は皮をむき、太めの短冊切りにして蒸し器かステンレスの多層鍋で3～4分蒸す。
②ボウルにソースの材料を入れてよく混ぜ合わせる。
③蒸した大根に②をかけていただく（冷やしても◎）。

POINT
ソースが残ったら、冷蔵庫で4～5日は保存可能（分離しやすいのでよく混ぜてから使いましょう）。

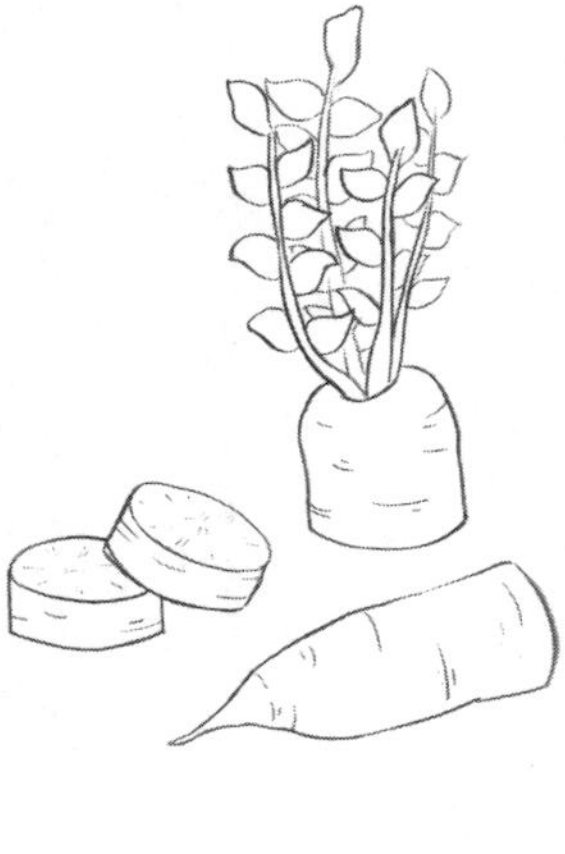

漬ける

干し大根のたまらん漬け

材料　１人分

大根　縦⅛本／醤油　小さじ２／酒　小さじ１／昆布　３㎝角／鷹の爪（細く輪切りにしたもの）３〜４片

作り方　30分

①大根を縦に８つ割にしてざるなどに並べ、風通しの良いところに２日ほど置き水分を抜く。

②①をひと口大に切り、昆布、醤油、酒、鷹の爪を加えてよく混ぜ、30分ほど置く。

③密封できる保存容器に入れて冷蔵庫で保存すれば４〜５日ほどで食べられる。好みで山椒や七味唐辛子を加えてもよい。

POINT

ゴボウ、キュウリを生のまま同じ要領で漬けてもおいしく食べられます。食べる直前に、ごま油や亜麻仁油をかけるのもオツです。

おろす

クリーミーナッツおろしソース

材料（仕上がり300g）

大根　5㎝／ヘーゼルナッツ　約10粒／調味しただし（かつおと昆布でとっただしに酒と醤油を適量加えたもの）　大さじ1／醤油　適量

作り方　15分

①ヘーゼルナッツは紛状になるよう、包丁で細かく刻む。あればチーズおろし用ハンドルグレーダーで砕くと便利。

②大根をおろし器でおろす。

③ボウルに①、②、だし、醤油を入れ、混ぜ合わせる。

POINT

このソースを焼いた厚揚げにかけて、また魚のソテーにつけていただくとおいしいです。冷やしたうどん・そばにたっぷりのせて食べるのも◎。

汁に栄養がたくさん詰まっているので、捨てないで召しあがってください。

ナッツの粉末に出てきた大根の汁を吸収させていただきましょう。

ニンジン

がんを防ぐ重要な野菜の筆頭に挙げられているセリ科の代表であるニンジンは、世界中でさまざまな種類が栽培されています。西洋種のオレンジ色はβカロチンの色、東洋種の赤はリコピンの色。どちらもたいへん栄養的価値が高いので、さまざまな料理に取り入れて。

炒める　ニンジンの洋風キンピラ

材料　2人分

ニンジン　100g／鷹の爪　¼本／ニンニク1片／オリーブ油　大さじ1／調味料（白ワイン　大さじ1／塩、黒胡椒　各少々）

作り方　10分

①ニンジンはマッチ棒程度の千切りにする。

②鍋にオリーブ油、皮をむいてつぶしたニンニク、鷹の爪を入れて中弱火にかけ、焦がさないように気をつけながら香りを出す。

③中火にしてニンジンを加えてよく混ぜて、1分炒める。

④調味料を加えてよくかき混ぜ、さらに7〜8分、弱火で加熱したら出来上がり。

POINT

保存もできるので、多めに作っておきましょう。パンに挟んだり、パスタの上に彩りとしても。

煮る

ニンジンとカボチャのスープ

材料　2人分

ニンジン　½本／カボチャ　⅙個／ベジタブル・スープブイヨン　½個／水　200㎖／豆乳　100㎖／塩　小さじ½／コリアンダーパウダー（ナツメグでも可）　少々

作り方　25分

①ニンジン、カボチャ、ベジタブル・スープブイヨン、水を鍋に入れ、12分ほど加熱する。

②①の野菜が柔らかくなったら、ミキサーやホイッパー、ポテトマッシャーなどで野菜をつぶして攪拌し、ポタージュ状にする。

③豆乳と塩、コリアンダーパウダーを加えて、ホイッパーなどでかき混ぜる（好みの濃度になるよう、この時点で適宜、豆乳や水を加えて調整する）。豆乳が固まる前に火を止める。

POINT

このスープは抗酸化物質の代表、βカロチンの宝庫。牛乳ではなく、豆乳を使うところに意味があります。大豆の栄養素を併せてとることで、さらに栄養価が上がります。

漬ける

ニンジンのサラダ

材料　2人分

ニンジン（中）1本（5～6㎝長さの千切り）／レーズン　50g／クルミ　30g（粗みじん切り）／オリーブ油　大さじ2／バルサミコ酢大さじ4／亜麻仁油　大さじ2

作り方　15分

①ボウルにオリーブ油を入れ、バルサミコ酢を少しずつ加えて、ドレッシング用の泡立て器やスプーンなどを使い、とろっとするまでかき混ぜる。

②①に、ニンジン、レーズン、クルミを加え、混ぜ合わせる。

③食べる直前に亜麻仁油をかける。

POINT

水分が多すぎるとおいしくないので、オリーブ油とバルサミコ酢はもったりするまでよくかき混ぜます。

亜麻仁油は酸化しやすいので、各自の皿に取り分けてからかけましょう。

ゴボウ

平安時代に中国から薬草として渡来したといわれるゴボウ。セルロース・リグニンなどの食物繊維をはじめカリウム・マグネシウム・亜鉛・銅・鉄分などのミネラルも多く含みます。表面がゴツゴツしていなく、ひげ根が少ないもの、へなっとしていないものを選びましょう。

煮る

根菜の含め煮

材料 2〜3人分
ゴボウ 1本／里芋 4〜5個／ニンジン 1本／コンニャク ½枚／調味しただし 30㎖／水 50㎖

作り方 20分

①ゴボウは4〜5㎝長さ、里芋は水けを取り皮をむき、ひと口大に切る。ニンジンは乱切り、コンニャクはアク抜きをしてからひと口大にちぎり切る。

②だしに水を加えて沸騰させてから材料を入れて20分煮る。

POINT
煮汁に漬けたまま冷ませば、そのまま冷菜として保存もできます。食べるときに改めて加熱しても可。

炒める

焼きゴボウのバルサミコマリネ

材料　4人分

ゴボウ（皮つき）　1本／長ネギ　½本／オリーブ油　大さじ2／バルサミコ酢　50㎖／赤ワインビネガー　大さじ2／塩　適量／白胡椒少々

作り方　20分

①バルサミコ酢を極弱火で約半分の量になるまで煮詰めてから、赤ワインビネガー、塩、白胡椒を加えてひと煮たちさせる。

②ゴボウは軽くたたいてから、長ネギはそのまま、5㎝にカットする。

③②にオリーブ油を回しかけ、フライパンかオーブントースターで火が通り軽く焼き色がつくまで焼く。

④③をバットなどに並べ、1を和えて味をなじませて出来上がり。

POINT

冷蔵庫で2～3日は保存できます。材料は他にもタマネギ、ニンジン、セロリなどでもおいしく作れます。

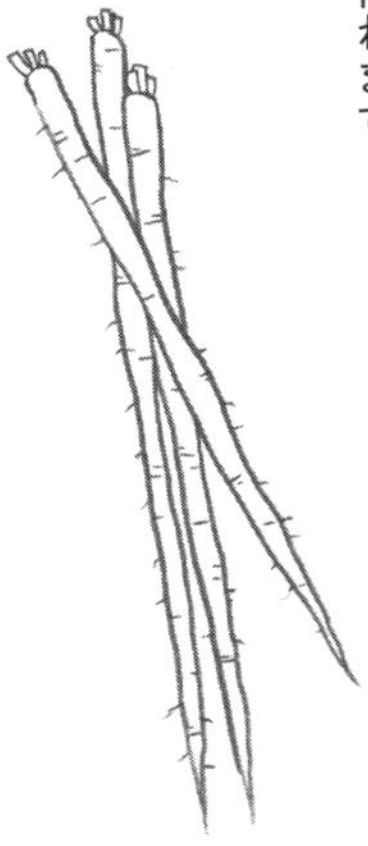

煮る

根菜のラタトゥイユ

材料 3〜4人分
ゴボウ、レンコン、サツマイモ　各½本／ニンジン　中1本／タマネギ　中1個／コンニャク½枚／パプリカ（赤・黄）　各½個／ニンニク1片／トマト水煮缶　400g（1缶）／オリーブ油　50㎖／コリアンダー、ドライバジル、塩各少々

作り方 40分
①ゴボウは5〜6㎜の斜め切り、その他の野菜とコンニャクはすべてひと口大に乱切りにしておく。
②鍋にトマトの水煮を入れ、⅔量になるまで煮詰める。
③別の鍋にオリーブ油とニンニクを入れて弱火にかける。
④香りが立ってきたらゴボウ、ニンジン、レンコン、サツマイモ、タマネギ、コンニャク、パプリカの順に入れ、弱火〜中火で火を通す。
⑤④に②と③、コリアンダー、ドライバジル、塩を加え、味をととのえる。

POINT
たっぷり作って保存しておくことをおすすめします。冷蔵庫にこれが一品あるととても便利です。温めなおしてもおいしいですが、そのまま冷菜としていただいてもOK。筑前煮みたいな感覚で食べてください。

長ネギ

寒くなると甘みとおいしさが増す長ネギの原産地は、寒冷地シベリアといわれています。血液の凝固を防ぐ辛味成分が、熱が加わると甘みに変化します。葉の部分が肉厚で、巻きがしっかりしていて、握ったときにふかふかしていないものを選びましょう。

炒める

長ネギとオイルサーディンのパスタ

材料　2人分

オイルサーディン　1缶／長ネギ　20cm／オリーブ油　大さじ2／ニンニク　1片／鷹の爪　¼本／白ワイン　大さじ1／胡椒　適量／塩　適量／レモン¼個／スパゲッティーニ　200g

作り方　15分

①オイルサーディン　1缶／長ネギ　20cm／オリーブ油　大さじ2／ニンニク　1片／鷹の爪　¼本／白ワイン　大さじ1／胡椒　適量／塩　適量／レモン¼個／スパゲッティーニ　200g

焼く

長ネギのマリネ

材料　２人分

長ネギ　２本／ニンニク　２片／オリーブ油50㎖／酢　25㎖／塩　小さじ½／チャービル　適量

作り方　20分（冷やす時間は含まず）

①長ネギは４㎝長さ、ニンニクはみじん切りにする。

②フライパンに少量のオリーブ油を入れ、長ネギを並べる。フタをして弱～中火で表面が透明になるまで蒸し焼きにする。

③別のフライパンにオリーブオイルとニンニクを入れて弱火にかけ、香りが立つまで加熱し冷ましておく。

④保存容器に②を並べて酢と塩をふり、③をかけて冷蔵庫で冷やす。皿に持ってチャービルを飾る。

POINT

密封容器でなら、２～３日は保存できます。

漬ける

ネギあん

材料　2人分

長ネギ　½本（細めなら1本）／かつおぶし15g／ショウガ　1片／白いりゴマ　5g／醤油　大さじ2

作り方　10分

①長ネギとショウガ、かつおぶしをみじん切りにする（フードプロセッサーなどでより細かくできればなお◎）。

②ボウルに1とごま、醤油を入れて合わせる。

POINT

食べ方の例：茹で上げたあつあつのうどんと混ぜて食べてもよいし、ごはんにかけて食べてもおいしい。厚揚げを½にカットし、切り口の中央に切り込みを入れ、あんをはさみ、オーブントースターで4～5分焼くとボリュームのある一品料理になります。

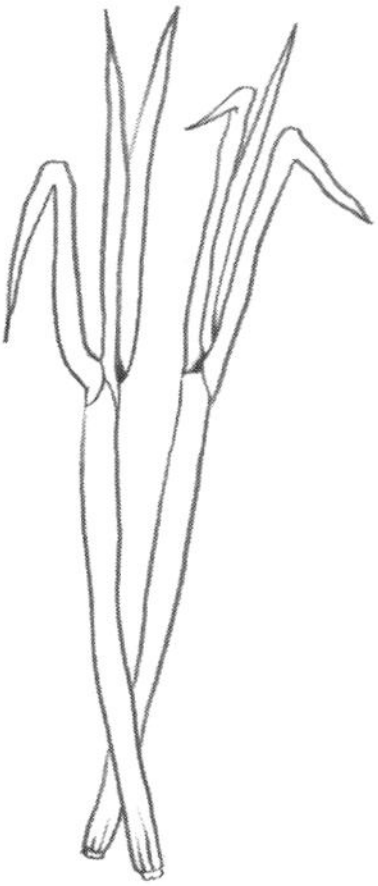

タマネギ

タマネギは根と思われていますが、じつは茎の根元の部分が膨らんだもの。刻んだときに涙が出る原因物質である硫化アリルはビタミンB_1の吸収を良くし、新陳代謝を促します。ヨーロッパやエジプトでは、このことを体験的に知っていたらしく、紀元前から栽培されていたとか。

煮る

まるごとタマネギのスープ

材料 2人分

タマネギ　2個／ベジタブル・スープブイヨン1個／水　400㎖／ベイリーフ　1枚／塩、胡椒　少々／パセリ（みじん切り）適量

作り方 10分

①塩、胡椒、パセリ以外のすべての材料を鍋に入れ、中火で加熱して、沸騰したら弱火にして30分煮る。

②塩、胡椒で調味して出来上がり。

③器に盛って、上からパセリのみじん切りをふって供する。

POINT

保存する場合には、タマネギとスープを密封容器に入れ冷蔵します。冷凍もできるので多めに作るといいでしょう。

蒸す・焼く

野菜の重ね蒸し

材料　2～3人分

タマネギ　½個／トマト缶　¼缶／ピーマン1個／ジャガイモ　1個／セロリ½本／パセリのみじん切り　¼カップ／オリーブ油　大さじ½／塩、胡椒　適量

作り方　40分

①トマト缶はトマトをつぶしておく。

②タマネギは薄い串切りに、ピーマン、ジャガイモは薄い輪切りにする。セロリは小口切り、パセリはみじん切りにしておく。

③鍋にオリーブ油、トマト、タマネギ、ピーマン、セロリ、パセリ、ジャガイモの順に重ねる。各層に軽く塩、胡椒をふる（一番下がトマト、一番上がジャガイモであれば、その間の順番はなんでもよい）。

④鍋を弱火にかけ、フタをして弱火で約30分間加熱する。

POINT

野菜の間にタラ、タイなどの魚を挟んでもおいしい料理ができます。

ジャガイモ

ジャガイモを選ぶときにまず気をつけるのは、芽が出ていないこと。芽にはソラニンという神経毒があるので食べてはいけません。ジャガイモに含まれるビタミンCは、でんぷんに包まれているため、加熱しても壊れません。

蒸す・茹でる

ジャガイモと彩り野菜のジェノベーゼ

材料 4人分

ジャガイモ 2個／サツマイモ 1本／モロッコいんげん 100g／セロリ（茎の部分）1本／パプリカ（赤・黄）各¼個／ナス 2個

〈ソース〉バジル 2パック（約20g）／オリーブ油 100㎖／ニンニク（みじん切り）1片／塩・胡椒 各適量

作り方 15分

①野菜は、ひと口大に切って、蒸す。

②ソースの材料をすべてミキサーにかけ、1と混ぜ合わせ、器に盛る。

POINT

野菜の持っている栄養分を逃さないために、蒸すときは、十分に湯気が上がった状態で加熱時間をできるだけ短くしましょう。

蒸す・茹でる

ポテトサラダ　インド風

材料　２人分

ジャガイモ（中）４個／タマネギ（中）¼個／ピーマン　½個／茹でたひよこ豆　30g

〈ドレッシング〉

オリーブ油　大さじ２／酢　大さじ１／塩　少々／カレー粉　小さじ1

作り方　20分

①ジャガイモは、芽を取って皮ごと水から火にかけ、沸騰してから弱火で15分茹でる。茹で上がったら熱いうちに皮をむき、厚さ7〜8㎜にスライスして、ドレッシングと合わせる。

②タマネギとピーマンを加えて、混ぜ合わせる。

③最後にひよこ豆を加える。

POINT

ジャガイモは丸ごと水から茹でると崩れにくくなります。

ひよこ豆を最後に加えるのは、豆が余分な水けを吸って水っぽくならないから。

食べる直前に亜麻仁油をかけると、さらにおいしくなります。

焼く

ストーブドポテト

材料　2人分

ジャガイモ　2個／アンチョビ　2枚／オリーブ油　適量／塩　適量／黒胡椒　適量

作り方　20分

①ジャガイモは硬めに下茹でし、皮を残したまま1㎝厚さの輪切りにする。

②熱したフライパンにオリーブ油を引き、塩をパラパラと全面にふる。①を並べ、上に2㎝くらいにちぎったアンチョビをのせて、黒胡椒をふる。

③②が焼けたら裏返しし、アンチョビが色よく焼けるまで弱火でじっくり焼く。

POINT

最後だけ少し強火にして、カリカリに仕上げるのがコツです。

ジャガイモ以外にもサツマイモ、里芋など季節の芋を使ってもおいしいです。オーブントースターで4～5分焼くとボリュームのある一品料理になります。

カボチャ

夏に収穫し秋まで保存するうちに、でんぷんが分解されて糖化することで甘みが増しておいしくなります。冬至の日にカボチャを食べる習慣が根付いたのは、野菜が品薄になる冬場、カボチャの豊富なβカロチンが体を守ってくれることを体験的に知っていたから。

蒸す・茹でる　カボチャと金時豆のサラダ

材料　2〜3人分

カボチャ　¼個／金時豆　¼カップ／タマネギ⅛個／オリーブ油　大さじ3／酢　大さじ1／塩　適量

作り方　30分

①金時豆は、5〜6時間水につけて戻し、茹でる。

②カボチャは、皮をむいてひと口大に、タマネギは薄切りにする。

③カボチャを竹串が通るくらいまで蒸すか、茹で、ボウルに入れて軽くマッシュする。

④③にほかのすべての材料を加え混ぜ合わせる。

POINT

カボチャは食感が残る程度に粗くマッシュしましょう。

蒸す・茹でる

オータムバラエティ

材料 2～3人分

カボチャ（中） ⅛個／りんご ½個／サツマイモ ¼個／レーズン 大さじ1／レモンスライス 2～3枚

作り方 40分

①りんごは5㎜厚さのいちょう切り、カボチャ、サツマイモは4㎜厚さでひと口大に切る。
②鍋にりんご、カボチャ、サツマイモの順に入れ、レーズンを散らして約30分弱火にかける。
③火を止めてからレモンスライスを加え、フタをして約5分蒸らす。

POINT

ステンレス多層鍋を使う場合、水分の多い素材から鍋に入れると、焦げ付きません。

普通の鍋の場合は、水または白ワインを適量たしてください。

レモンはオーガニックでなければ、外皮をむくこと。

ホイップクリームやアイスクリーム、メープルシロップを添えてもおいしく食べられます。

漬ける

カボチャとズッキーニのシチリア風

材料　2人分

カボチャ　⅛個／ズッキーニ　1本／レーズン50g／クルミ　30g

〈A〉バルサミコ酢（赤）30㎖／オリーブ油20㎖／ドライバジル　小さじ½

作り方　15分

①カボチャ、ズッキーニは5㎜程度にスライスする。

②レーズンとクルミは細かく切ってAのソースと合わせておく。

③野菜を焼き色がつくまでオーブンかグリルで焼き、きれいに盛り付ける。

④③に②をスプーンなどでかけて、出来上がり。

POINT

このソースは、パンにのせても、冷やしたショートパスタと合わせてもおいしいです。ナス、パプリカ、タマネギなどの焼き野菜にもよく合います。

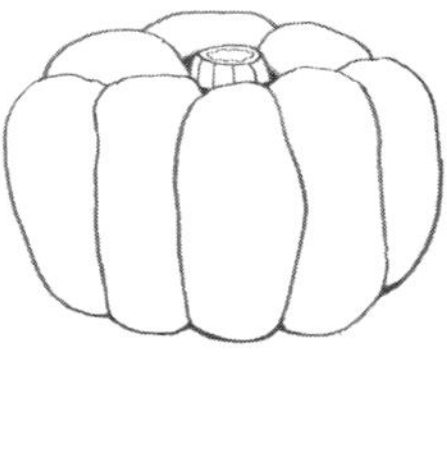

煮る

カボチャ煮

材料　4〜5人分

カボチャ　½個／醤油　大さじ1／酒　大さじ½

作り方　15分

①カボチャをひと口大に切って、ステンレスの多層構造鍋に入れ、少量（大さじ1程度）の水を加えて、フタをする。はじめは中火で、沸騰したら弱火で加熱する。

②10分くらい経ったところで、カボチャに竹串を差してみて通るかどうか確認する。

③竹串が通ったら（カボチャが少し硬めに煮えたら）、醤油と酒を合わせて、一つのカボチャに数滴ずつ垂らし、フタをする。

④1分経ったら火を止めて5分程度蒸らす。

POINT

砂糖は使わず、シンプルに。カボチャそのもののおいしさを味わってください。

ステンレスの多層構造鍋以外の鍋を使うときは、水分量を少し多めにしましょう。

キュウリ

ウリ科の植物であるキュウリは、カリウムというミネラルをたっぷり含んでいるので、利尿効果もあり、体の余分な熱を取り去ってくれます。新鮮なキュウリは、弾力があり、持つとしっかりとした重みを感じるはずです。

炒める

キュウリの塩炒め

材料　2人分

キュウリ　2本／ショウガ　1片／長ネギ　½本／オリーブ油　大さじ1½／塩　少々／ごま油小さじ1

作り方　10分

①キュウリは、ひと口大の乱切りにする。

②長ネギは縦に4等分し2㎜厚さに、ショウガは皮をむいてみじん切りにする。

③鍋にオリーブ油とショウガを入れ、香りが立ってきたら①のキュウリを加えて炒める。

④透明感が出てきたら塩を加えさっくりと混ぜ、長ネギを入れてフタをする。しんなりしたら火を止めてごま油をかけ、ひと混ぜする。

POINT

キュウリはしなしなにならない程度に炒めましょう。仕上げに白ごまをふるのもおすすめ。

炒める

キュウリとトマトのチャンプルー

材料 2人分

キュウリ　1本／トマト　大1個／豆腐（水切りしておく）　1丁／卵　2個／塩　小さじ½／ごま油　大さじ1／オリーブ油　大さじ1

〈A〉

醤油　大さじ1／オイスターソース　小さじ1／塩　小さじ½

作り方 10分

①キュウリは薄い輪切り、トマトはひと口大に、水切り豆腐はさいの目に、それぞれカットする。

②オリーブ油をフライパンにひき、トマトと塩を加える。

③トマトに火が通ったら豆腐を入れ、5割程度火が通ったところでキュウリとAを加える。

④③に溶いた卵と塩少々を加え、1分程度加熱する。

⑤ごま油を加えて混ぜ、火を止めて出来上がり。

POINT

あっさり仕上げたい場合は、卵を使わなくてもOK。

和える

ナッツサイサイ

材料　4人分
キュウリ　1本／トマト　大1個／厚揚げ　1枚／コンニャク（白）　100g／ミョウガ　少々／亜麻仁油　大さじ1／オリーブ油　小さじ1／白ごま（すりごま）　大さじ2／ショウガ汁　小さじ½（好みで）／白味噌　大さじ2／酢　大さじ2／塩　小さじ½／かつおぶし　4g

作り方　10分
①亜麻仁油以下のすべての調味料とかつおぶしをあわせて酢味噌を作る。
②野菜はすべて食べやすい大きさにカットする。
③コンニャクは湯通しし、厚揚げは油抜きをしてひと口大にカットする。
④①と②と③を混ぜ合わせて出来上がり。

POINT
コンニャク、厚揚げなしで、野菜だけで作ってもおいしくできます。また、セロリ、茹でたアスパラ、トウモロコシなども使えます。

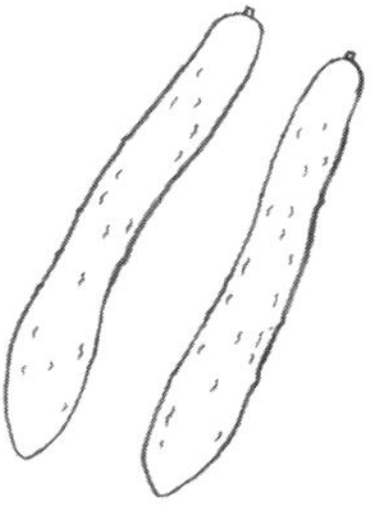

野菜の危ない話⑤

野菜ジュースで野菜不足を補えるか

野菜不足を自覚している方々にとっての野菜不足解消の奥の手は、野菜ジュースを飲むことではないでしょうか？　しかし、それは残念ながらあまり意味のないことかもしれません。「濃縮還元」というフレーズは聞いたことがあると思います。ジュースのパッケージや缶に表示してありますよね。

その「濃縮還元」が何を意味しているのかを知っている方は少ないと思います。野菜ジュースの原材料は、各社まちまちですが、中国をはじめとする約15カ国くらいからの輸入野菜がほとんどです。まれに国内産の野菜を一部使っている製品もありますが、あくまでも一部です。輸入の際の輸送コストを下げるためと、製品化の利便性のために、原材料の野菜を加熱、濃縮してペースト状にしたものを国内の工場で水で薄めて、缶やペットボトルに詰めるというのが製造方法です。

その加熱の段階で野菜が持っているビタミンやファイトケミカル（植物栄養素）は

壊れてしまうか、ほとんどが失われてしまいます。しかも、食物繊維は加熱する前の工程で取り除かれています。もし、野菜ジュースを飲む目的がそれらの栄養素を摂取するためだとしたら、目的は果たせませんね。それだけならまだあきらめもつきますが、野菜ジュースには香料をはじめとする食品添加物が大量に使われています。製品によっては、一部香料を入れずに製造されているものもあるようですが、それでも、欠落したビタミンなどを補うための食品添加物が使われているのは事実です。こうなると、必要な栄養素は摂れずに、体に害のある化学物質を摂り込むだけのために野菜ジュースを飲んでいることになってしまいますよね。結論としては、ほんとうに野菜不足を補うために、栄養素を補給したいのであれば、市販のものではなく、自分で野菜ジュースを作って飲むしかない、ということになります。

最近は便利な調理器具ができていますから、いくら忙しいとはいえ、家庭にジューサーやフードプロセッサー、またはハンドミキサーなどがあれば、手軽に野菜ジュースや野菜のピューレ、スムージーを作ることは可能です。ご自身、またはご家族の方が選んだ野菜を使って、家庭でジュースやピューレ、スムージーを作ったほうがよほど経済的で、しかも安全性も格段に高いと思います。最初はめんどうと思うかもしれませんが、慣れてしまえばなんということもなく、野菜ジュースなどは作れますよ。

おわりに

東京の代々木上原という場所で「キヨズキッチン」というレストランをやっていた頃の常連客の一人は、お食事をなさるときに、ひと口ずつ目をつむり、しっかりと噛みしめて、味わいながら召し上がってくださっていました。ときどき、かすかにうなずくようにして、終始にこやかに、そして満足げに、一粒の米も残さず、いつもきれいに食べてくれていました。帰り際には、必ず彼は僕の目を見て「キヨさん、今日もとてもおいしかったよ、ごちそうさまでした。また来ます」と、透き通った目でそう言ってから店のドアを開けて帰っていきました。それが、彼のライフスタイルとぴったりと合致していて、とてもかっこよく、清々しく思え、自然と尊敬の気持ちが生まれることとなりました。それは後に名著『自分の仕事をつくる』(ちくま文庫)、『自分をいかして生きる』(ちくま文庫)、『いま、地方で生きるということ』(ミシマ社)などをあらわすことになる西村佳哲《よしあき》氏でした。

別に、彼のスタイルを真似する必要などありはしませんが、自分が食べるものをちゃんと味わう、という姿勢は多くの人が学ぶべきだと思うのです。彼のその姿を見て、料理を作っていた私は無上の喜びを感じていました。そこに、新たなコミュニケーションが生まれていたのです。

そうなんだ、料理というのはそこに関わる人すべて、素材を作る人、それを料理する人、そして食べる人の間に新しい関係性を構築するための、とても素敵で使い易いツールなんだ。言語などを超えた、確かな表現手段なんだ。

この本を書きながら、今更のように、あらためてそのことを、そのことの重大さを身にしみて感じています。

料理をするということは、この地球上で最も高い知的レベルを持った、あるいは与えられた人間だけがする行為。つまりそれは、極めて知的な行為なのです。

その知的行為を通して、人間はまず自分が食べるものとの関係を創る。次に共に食べる人たちとの関係を創る。その先に、大いなるもの、自然と呼んでもよい、また神と呼んでもよいのかもしれない深遠なるものとの関係を創るのだと思うのです。その関係が真っ当なものであるためには、それぞれのパーツが真っ当でなければならないでしょう。

今、その根源である食べものが真っ当でなくなりつつあります。よって人間そのものも真っ当でなくなりつつある。私には、そのように思えてならないのです。

この本が、真っ当な食べ物を自分たちの元へ取り戻そうとする人たちに勇気を与え、またその一助にならんことを願って、筆を擱きます。

最後に、取材のため熱心に岐阜・大垣まで何度も足を運んでくださった編集担当の寺林真規子氏と、編集協力の北村昌陽氏に、そしてズボラな私を支えて資料集めからスケジュール管理まですべてを掌握してくれている佐々木みどり氏と、日々の台所仕事と山ほどの雑事を淡々とこなしてくれている妻に、深甚の感謝を捧げます。

2012年3月

滔々と流れる揖斐川の畔にて　　南 清貴

新書版の「あとがき」に代えて

いよいよ交渉も大詰めを迎えた感のあるＴＰＰ（環太平洋戦略的経済連携協定／Trans-Pacific Strategic Economic Partnership Agreement）ですが、私はたいへんな危機感を持って見ています。しかし、講演やセミナーなどの折に、そのことに触れてもあまり反応がなく、拍子抜けすることが多いのです。それは多くの方々が、真実をご存じないからだと思っています。日本がＴＰＰに加盟することは必至で、今さらどうにもならないことは十分承知の上ではありますが、そうであるならそれなりに、自分たちでできる対応策の準備を始めなければならないと考えているのです。

私事に渉ってしまい恐縮ですが、私自身が生まれ育ち、住み慣れた東京を離れて岐阜県の大垣市に住まいを移すことを決断するに至ったきっかけは、福島原発事故でした。あの一件で、私たちはずっと長い間、原発に関する大事なことを知らされてこなかったのだ、ということに気づき愕然としました。そのショック、ダメージは癒えることなく今もなお、私の中に残っています。私たちが真実を知った上で、自ら選択して進んだ道であれば、やむを得ないとも言えるでしょう。しかし、真実を知らせずに、選択の機会を奪っておきながら、多くの人たちを窮地に陥れることは決して赦されることではなく、それはすでにして犯罪と呼ぶべきものです。ありていに言えば、「原子力発電所では何重もの安全装置がはたらいているので絶対に事故は起きないといっていたのに結局事故は起きたじゃない。それで事故が起きても誰も責任はとらないわけね。そんなのありかい？」ということです。

ＴＰＰでも、まさしく原発事故のときと同じようなことが繰り返されようとしています。日本国民で、ＴＰＰの真実を知った上で加盟に賛成という人は、ごくごくわずかでしょう。そもそもＴＰＰの交渉において、最も問題視されてきたのは、その秘匿性です。もともとＴＰＰは、２００５年にシンガポール、ブルネイ、チリ、ニュージーランドの4カ国の間での交渉がスタートしました。そこに順次アメリカ、オーストラリア、ペルー、マレーシア、ベトナム、メキシコ、カナダ、日本が加わり、現在は計12カ国が参加しています。ＴＰＰを農業交渉と勘違いしている方もおられるようですが、それは違います。ＴＰＰで協議される内容は24分野にも及び、国民生活の大部分に影響があります。そして、その交渉の内容は開示されていません。国会議員にも秘密にされています。これが大問題だと、私は思うのです。内容が開示されていないことを、どうやって評価できるのか不思議としかいいようがありません。

なおかつ、参加している12カ国のＧＤＰの総和のうち約80％は日本とアメリカとで占めています。つまりこれは、実質上の日本とアメリカの二国間交渉だともいえるわけです。その上でアメリカは日本に対して、食品の安全基準をアメリカに準拠するように要求してきています。おそらく日本政府は、これをのむことになるでしょう。そうすると残留農薬の基準や、食品添加物に関する規制などの安全基準が緩和されることとなり、アメリカ産の食品が今よりもはるかに多く日本の市場に出回ることになります。この機に乗じて、遺伝子組み換え食品（農産物）の規制も緩和され、怒濤のように押し寄せて、あっという間に市場にあふれかえることと思われます。遺伝子組み換え食品に関しての表示義務もなくなり、私たちは原材料に遺伝子組み換え食品を使っているかどうかの区別もつかなくなります。

それによって、日本の農業を含めた広い意味での食品業界は、たいへん大きな影響を受けるでしょう。当然のことながら、一般の消費者も影響を受けることになります。今や日本の国民のうちの36％が何らかのアレルギー症状を抱えているといわれていますが、その方たちは市場に出回る食品を食べることにより症状が悪化し、悲惨な思いをすることになると予想されます。しかもそのことでアメリカの食品企業を訴えても無駄です。ＴＰＰには、ＩＳＤ条項（投資家対国家間の紛争解決条項／Investor State Dispute Settlement）と呼ばれるものが含まれています。これは、要するに外国企業が市場に参入しようとすることを邪魔すると、その企業が国家をも訴えることができる、というものです。これはいわば、国内法よりＴＰＰのほうが上位になることでもあります。国家としての主権が侵害されるというべきかもしれません。これは私たち世代だけではなく、未来永劫、ＴＰＰが継続する限り、後の世代にのしかかっていく問題なのです。

では、なぜこのようなことになったのか。それは、私たち自身が、生命活動において最も重要であったはずの「食」というものを、単なる経済行為の一つと位置づけてしまったからです。「食」が金儲けのための道具でしかなくなってしまったからです。本来「食」は、その大元に「農」があり、この二つは密接に関連していました。それはまた、自然と密着しており、切っても切れない関係だったのです。それを工業化しようとしたところに大きな間違いがありました。

また、利潤追求の道具と考えたところにも大きな間違いがあったのです。自然の中での農業は、ただ単に作物を産み出すだけではありません。それに伴っての景観、人と人との関係、小動物を含めた生物多様性の維持など、果たす役割は多方面に及びますが、それらが必ずしも利益を生み出すとは限りません。利潤追求に重きが置かれると、農業が果たしていたそれら重要な役割の数々が切り捨てられることになります。さらに経済的に効率と合理性を追求した農業の形態に変化していくと、そこには支配・被支配という構造が生まれてしまいます。遺伝子組み換えを推進する人たちは、種に農薬も肥料もセットにして売ります。そのほうが支配力が強まるからです。支配下にいる農家の人たちは、毎年毎年繰り返し種を買い、農薬を買い、肥料を買うことになり、そのサイクルから抜け出すことができなくなります。抜け出る時は農業をやめる時です。

そんなことはどこか遠い世界のことだろう、と思われますか？　いいえ、そうではありません。現に日本の名立たる種苗メーカーには、すでに外国資本が入っています。このことが近い将来、獅子身中の虫となることは明らかです。

この本は、野菜の現状を知っていただくことで、そこから派生する自分たちの「食」を見直すきっかけを作りたいと願って書いたものです。食べものは、私たちにとって身近なものであり、であるからこそ自分たちの意思、意見、思惑などを反映させやすいものだと思うのです。最終的には、私たち一般消費者がどのような消費行動をとるかによって、すべてが変わっていくのだと思います。自分たちが食べるものは、自分たちの意思で選択しましょう。その選択眼を曇らせないようにするためには、真っ当な野菜を中心にした、真っ当な食事を摂るしかありません。どんなに巧みな手を使われたとしても、遺伝子組み換え食品（農産物）がいやだと思ったら、買わないことです。一人一人のその選択と行動が、新しい社会を創っていくのだと思います。

最後に、この本の出版の機会を与えてくださった株式会社ワニ・プラスの佐藤俊彦社長に、深い感謝の意を表します。遅筆の著者をじっと見守り、時に叱咤し、また巧みにその気にさせる、その努力なかりせばこの本が世に出ることはなかったかもしれません。ありがとうございました。絶妙のタイミングで再び、自説を世に問うことができることの幸せを噛み締めつつ、この本を手に取ってくださった方々へ謹んで御礼を申し上げます。

２０１５年5月

南　清貴

本書は、『真っ当な野菜、危ない野菜』（南　清貴著　２０１２年5月
小社刊）に加筆修正して新書化したものです。

じつは危ない野菜

著者　南　清貴
2015年6月25日　初版発行

南 清貴（みなみ・きよたか）
1952年東京都生まれ。フードプロデューサー。一般社団法人日本オーガニックレストラン協会代表理事。95～2005年、東京・代々木上原にレストラン「キヨズキッチン」を開業。最新の栄養学を料理の中心に据え、自然食やマクロビオティックとは一線を画した創作料理を考案・提供し、業界やマスコミからも注目を浴びる。以降「ナチュラルエイジング」をキーワードに、全国のレストラン、カフェなどの業態開発、企業内社員食堂やクリニック、ホテル、スパなどのフードメニュー開発に力を注ぐ。「農」に密着した暮らしをするため、11年5月より岐阜県での活動を開始。近著に『じつは怖い外食』（ワニブックスPLUS新書）。
公式HP　http://kiyo-san.jp/
（一社）日本オーガニックレストラン協会HP
http://organic-restaurant.jp/

発行者　佐藤俊彦
発行所　株式会社ワニ・プラス
〒150-8482
東京都渋谷区恵比寿4-4-9　えびす大黒ビル7F
電話　03-5449-2171（編集）
発売元　株式会社ワニブックス
〒150-8482
東京都渋谷区恵比寿4-4-9　えびす大黒ビル
電話　03-5449-2711（代表）
装丁　橘田浩志（アティック）　小栗山雄司
イラスト　南　景太
編集協力　北村昌陽　寺林真規子
DTP　平林弘子
印刷・製本所　大日本印刷株式会社

ISBN 978-4-8470-6082-3
ワニブックス【PLUS】新書HP　http://www.wani-shinsho.com